江苏省苏州实验中学
Jiangsu Suzhou Experimental Middle School

迈向优雅的人生

仲尧明 著

河海大学出版社
HOHAI UNIVERSITY PRESS
·南京·

图书在版编目(CIP)数据

迈向优雅的人生 / 仲尧明著. -- 南京 : 河海大学出版社，2025. 8. -- ISBN 978-7-5630-9825-5

Ⅰ. G631

中国国家版本馆 CIP 数据核字第 2025PM9506 号

书　　名 迈向优雅的人生
MAIXIANG YOUYA DE RENSHENG
书　　号 ISBN 978-7-5630-9825-5
责任编辑 杜文渊
文字编辑 顾跃轩
特约校对 李　浪　杜彩平
装帧设计 徐娟娟
出版发行 河海大学出版社
地　　址 南京市西康路 1 号(邮编:210098)
电　　话 (025)83737852(总编室)　(025)83722833(营销部)
经　　销 江苏省新华发行集团有限公司
排　　版 南京布克文化发展有限公司
印　　刷 广东虎彩云印刷有限公司
开　　本 718 毫米×1000 毫米　1/16
印　　张 11.5
字　　数 170 千字
版　　次 2025 年 8 月第 1 版
印　　次 2025 年 8 月第 1 次印刷
定　　价 58.00 元

序言

与仲尧明老师相识的二十余载，恰是一段高校研究者与一线教育实践者相知相长的历程。我埋首于象牙塔内耕耘历史教育理论，他则扎根于姑苏城外的教育热土躬身实践，这段跨越理论与实践鸿沟的友谊，恰如历史长河中的双螺旋结构，在相互映照中见证了当代中国基础教育改革的激荡岁月。

六年前，我的研究生计露在选题研讨会上郑重提出："我想研究仲尧明老师的教育思想。"这个选择既在意料之外又在情理之中。当这位聪慧的年轻人捧着十余本泛黄的《中学历史教学参考》和整柜实验中学课改实录来找我时，我才惊觉仲老师的思想脉络早已悄然编织成网——从普通历史教师的课堂札记，到特级教师的课改宣言，再到名校长的治校方略，每个阶段都镌刻着当代中国基础教育变革的深刻印记。这恰是本书上编"成长"篇章的珍贵价值：这不仅是一位教育者的生命叙事，更是一部微观视角的基础教育发展史。

展读书稿，扑面而来的是泥土的芬芳与思想的精粹。上编四章如苏州园林般移步换景：家庭书香的氤氲熏陶与同窗砥砺的青春岁月，勾勒出苏派教育特有的文化基因；从普通教师到教育管理者的蜕变轨迹，印证着"真水无香"的教育本真；而"实、思、活、用"的教学风格与"问题性"教育理念的生成，则完美诠释了实践出真知的朴素真理。这些带着粉笔灰印记的文字，如苏州刺绣般，为青年教师绣制出专业成长的"清明上河图"。

下编"教研"篇章更显仲老师"双肩挑"的智慧光芒。当看到"用PTA量表培养提问能力"的课例时，我仿佛置身于实验中学的智慧教室，目睹着历史核心素养在师生对话中悄然生长；“生态学视角下的开放性教学”研究，则巧妙地将姑苏水乡的灵动气质注入课堂时空；而“唯真唯实，至优至雅”的校园文化建设纲要，分明可见一位历史教育者将学科思维转化为治校方略的独到匠心。这些从教案本、听课本、校长日志中淬炼出的文字，构成了当代中国基础教育改革的鲜活注脚。

尤为可贵的是，仲老师始终保持着“课堂在场”的学者本色。即便在担任实验中学掌舵人的十余年间，他依然坚守站在讲台上的传统。这种对教学现场的不离不弃，使得本书中的高考命题研究、教考衔接策略等篇章，既透着教育管理者的全局视野，又带着一线教师的体温。当读到“在讲评试题中开发思维”的具体策略时，我分明看见一位历史教师在题海战术盛行的年代，执着守护学科本质的挺拔身影。

值此书付梓之际，我愿以教育同道的身份向读者郑重推荐：这既是青年教师专业成长的导航图，也是基础教育研究者不可多得的田野样本，更是当代知识分子追求优雅人生的生动范本。当我们跟随仲老师的笔触，从姑苏小巷走向教育原野，从三尺讲台眺望历史星空时，终将领悟——所谓优雅人生，不过是把教育理想种进现实的土壤，在岁月流转中静待满树繁花。

是为序。

王卫平

（苏州大学历史系教授、教育部长江学者、全国优秀教师）

2025 年 2 月

目录

上编 成长

下编 教育

上编

成长

第一章
行走在专业成长的路上

一位优秀教师的培养和教育理念发展既需要适宜的学术环境，也需要其自身在学习和工作中不断进取。

作为一名历史老师，我的历史教育理念的形成，源于家庭环境的持续熏陶，源于同窗好友之间的互助共进，源于工作中优秀前辈的无私引领，也源于自己对教育事业的一份热爱。随着教育阅历的不断增长与教育视野的不断开阔，从普通中学历史教师到教育管理者，再到苏州名校长，我对“中学历史问题探讨”的历史教育理念的理解和诠释也在不断深化。

第一节　我的专业从阅读出发

一、家庭熏陶，培养了我成为教师的素养

环境对教育的影响至关重要，人们常说“父母是孩子最好的老师，家庭是人生的第一所学校”。我父亲是一名乡村教师，虽然他并未系统接受过师范类的专业教育，但是他酷爱读书，写过不少文章，并且通过自学成为一名教师。

我父亲对孩子们的教育非常严格。在父亲的影响下，我从小就养成了热爱阅读的好习惯，并一直保持到现在。在物质条件尚不能保证的年代，父亲却想方设法地为我们订阅了《民间故事》等杂志，并从单位借阅相关书籍带回家，在家中营造出学习氛围，扩大我们的阅读量，以此培养我们的阅读爱好。有了这些难得的图书，我们就不再肆意打闹，而是静下心来认真阅读。也正是在此时，我开始逐渐养成了热爱阅读的好习惯。就是在这样一个知识氛围浓厚的家庭中，我逐渐成长起来。

尽管自小家中学习氛围浓厚，且我在学生时代的学习成绩名列前茅，但历史教育专业却并不是我当时的第一选择。高考时，我想要当一名伸张正义、为民除害的刑警，因此报考的第一志愿是刑事侦查专业。但是由于加试时的种种原因，这个梦想并没能实现，最终我填报了南京师范大学的历史教育专业。正是这个选择，让我的人生与历史结缘，开始走上历史教育的道路，而这一干，就是三十多年。

二、同学互助，给予了我矢志教育的勇气

由于从小就热爱阅读，上大学之后，藏书丰富的图书馆就成了我最常去的场所。在图书馆心无旁骛地沉浸于阅读是我最喜欢的事情。我甚至常常向其他同学借图书卡，就是为了能够借阅更多书籍。在不断的阅读中，我接触到了更丰富、更专业的关于历史教学方面的

书籍。也就是在此时，我开始深入了解历史这门学科，把阅读重心逐渐转移到历史教学的相关书籍上来，并从中逐渐感受到了历史教学的乐趣。因此，在上大学期间，我的主要活动就是专业准备和学习，以书本知识为主，初步形成教师职业所需的知识和技能，并通过正式的师范课程培养教师应有的素质。

正是在这一时期，通过对中学历史教学专业的了解，我逐渐确立了自己的人生理想和目标，就是“带好一个班，上好一堂课，教出一个好成绩，争取做一个领导放心、学生欢迎、社会认可的好老师”①。确立了自己的人生目标，于是，在教育道路上，我也就有了前进的动力与支撑，有了走向成功、成为一名名师的精神法宝。

阅读大量的历史教育书籍后，我在教育教学这一方面的理论知识逐渐充实，同时也发现了历史教学存在的一些问题。例如：教师往往把教材作为学生获取知识的唯一来源，过度依赖教材，无法拓宽学生的知识来源；同时，一些教师的基本功和历史教学技能表现不足。这很大程度上是因为当时专职的历史教师较少，很多学校的历史课程都由其他文科教师兼任，非本专业的教师历史素养较低，无法旁征博引地讲解历史事件，自然只能围绕教材，就课论课，课堂比较枯燥。认识到这些问题后，我在平常学习时就有意识地提升这方面的能力，一方面充实自身的历史专业知识，另一方面学习摸索新的教学方法。就这样，我与同学们相互帮助，共同学习，度过了自己的大学时光。我充分利用了大学的时间，夯实了历史知识基础，提升了历史教学能力，为将来工作打下了良好的基础。

第二节　我的专业成长历程

从国内外的研究来看，关于“教师专业发展”“教师专业成长”等

---

① 庞砚清：《仲尧明：点燃师生心中的光荣与梦想》，《华人时刊（校长）》，2017 年第 Z1 期。

课题的相关研究颇多，国内外学者对“教师专业成长”的看法各不相同，有着不同的理解。霍伊尔认为，“教师专业发展”是指在教学职业生涯的每一阶段，教师经过一段时间发展后成功地满足其专业性职业标准的过程；富兰和哈格里夫斯则将“教师专业发展”定义为通过在职教师教育或教师培训而获得的特定方面的发展，也指教师在目标意识、教师技能和与同事合作能力等方面的全面的进步……由此可以发现，学术界对“教师专业发展”的理解还存在较大差异。

我认为，教师并不仅仅是一种职业、一份工作。教师的主体是人，有着独特的思想和经历，教师的成长就是从教学到教育的过程，是向社会对教师的角色期望与规范靠拢的过程。所以教师的专业发展不是一蹴而就的，也不是一劳永逸的，而是一个长期甚至是终身的过程，同时也是一个动态的、不断变化和革新的过程。这需要教师具有终身学习、终身发展的意愿，具备自主思考及规划职业生涯的能力。在了解了费朗斯·富勒、伯顿等学者关于“教师专业发展阶段”的研究后，回顾自身专业成长经历，我将其分为普通中学历史教师时期、教育管理者时期和苏州名校长时期。可以说，这三个时期就是我从普通教师走向名师的专业成长过程。

一、普通中学历史教师时期

从教早期，我觉得对工作的热爱以及精益求精的态度是我专业水平快速提升的法宝。

大学毕业后，我被分配到远离市区的吴县湘城中学，那里生活条件比较艰苦，办学设备简陋。在当时的环境条件下，我从家到学校每次都需要半天的时间，为了不浪费时间，更有效率地投入工作，我常常两周或者一个月回家一次，一有时间就到班辅导，这样的状态持续了两年，真正做到了“以校为家”。刚刚踏上教学岗位的我，起初也并不能很快适应从学生到教师的转变，遇到了不少问题，但是我有个特点，就是虚心好学，善于向老教师学习、向能者学习、向书本学习，兢兢业业，踏实肯干。虽然学校地理位置偏远，但是校风端正，教学氛围浓厚；前辈教师们关爱后辈，倾囊相授；同事间相互帮助，很多当年的同事到现今仍是我的好友，彼此保持着密切的联系。在这所学校，我遇见了职业生涯中第一位对我从事教育事业产生重大影响的老师——糜老师。

当时受限于办学条件，没有专门的历史教研组，全校的专职历史教师只有两位，我是其一，教学任务艰巨繁重。在当时的吴县湘城中学，历史学科被包含在政史地教研组中，糜老师是当时政史地教研组的组长。虽然糜老师无法在历史学科方面提供专业指导，但是他在备课、辅导学生等方面对我进行了悉心指导。有了糜老师的引领以及自身的认真学习，我的教学能力飞速进步。正因为有良好的校风、教风、学风，有良好的教学氛围，我很快适应了从师范学生到新手教师的转变。一次高二期末统考时，我所教的文科班获得了全县第五名的好成绩。

除了专注于自身岗位的工作，我的专业成长还离不开向其他专家教师的学习。

专家教师的一个特点就是站得高看得远。因为他们长期钻研某个领域，在该领域有深入的思考和独特的见解，所以可以为一线的教师指明努力方向，使年轻教师获得专业成长。我在吴县湘城中学工作两年后，吴县枫桥中学教高三的一位老教师生病了，我就被调到枫桥中学任教，一直工作到2011年。在从教初期，我积极向优秀的专家学习，得到了许多优秀老教师的帮助。

当时吴县的县教研员江海澄老师，在20世纪80年代就已经获得山东大学历史专业的研究生学历。但他最优秀之处不只于此，更体现在他高超的学术水平和一丝不苟的工作态度上。江老师经常深入吴县各校，听各校历史老师上课，检查教案，指导教师上课，我自然也在被检查、被指导的行列之中。江老师每次听完我上的课后，便会针对教学内容现场编制题目，对学生进行检测，考查教学效果，手把手教我如何进行历史教学。在这样的督促鞭策下，我成长很快，教学专业水平迅速提高。我所任职的枫桥中学，曾在高考中三次超越木渎中学，位列全县第一。因为带教班级出色的高考成绩，我在职称评审时获得破格晋升。

陶旭东是苏州市第一批历史特级教师之一，我到苏州市区听的第一节公开课就是陶老师的课。陶老师除了课上得好，还深受学生的欢迎。我和陶老师一直保持联系，陶老师像兄长一样，在钻研教材、钻研考试大纲，如何讲题、编题方面，给了我很多帮助。

除了上述两位老师，张韬老师也在我的专业成长道路上给予了很多帮助。张韬老师原是我在学生时代的高中历史教师，我走上工作岗位后，拜他为师。张老师被认为是“吴县历史教学的第一块牌子”，我对他十分崇拜。张老师的教学水平、所带学生的高考成绩，都受到学生和同行的肯定。张老师原先家住枫桥，我调至枫桥中学工作后，与他沟通交流更方便了。每当在教学方面遇到疑难困惑，我便会到张老师家请教。高三毕业班的教学与其他年级有所区别，需要考虑复习方向，把握考点，同时，综合复习对年轻教师来说也是一个挑战。在帮助学生记忆、指导学生解题方面，张老师对我指导高三毕业班的复习提供了很多帮助，毫无保留。1987 年，我所带的第一届高三文科班的高考成绩就超过木渎中学，夺得全县第一名。从此，我几乎年年都在带高三。这一切都离不开张老师的悉心指导。

张老师对我的影响还不止于此。我的学生常常评价我，“仲老师上课从来不看书本，完全脱稿，让我们很佩服”，这是毕业学生对我最为深刻的印象。其实，我脱稿上课的习惯也是受张老师的影响。脱稿的前提是对教材结构、内容的全面掌握与深刻理解，要达到这样的程度，需要平日花功夫阅读教材、理解教材，将教材掌握得滚瓜烂熟，同时还要形成自己对教材的认识。此外，备课充分也是上好一节课的重要一环。既要熟悉教材的体系和内容的主次，又要突出重点、抓住关键，对高三学生来说，更重要的就是对考点的分析讲解。这对老师的基本素质要求极高，对自己每课脱稿授课的高要求大大加快了我的专业成长速度。

在就业初期，我将满腔热忱投入工作，以校为家，兢兢业业，主动适应从师范学生到新手教师的转变，同时不忘向优秀的前辈们学习他们的教学经验。这样的专业成长经历告诉我们，善于向专家们学习，积极思考，踏实刻苦，爱岗敬业是胜任教师一职的不二法门。

二、教育管理者时期对专业成长的促进

1996年,我随枫桥中学所有师生一起迁入了竹园路的苏州高新区第一中学,在这里继续教书育人之路。我从1996年起担任中层职务,开始担任教务处副主任、主任等职。

行政上的任务并没有阻碍我的专业发展。在走上中层行政岗位之前,我就已经担任过年级组长、教研组长等与教学相关的岗位,对于平衡教学任务与学校管理任务之间的关系比较有经验,这与专业发展并不矛盾。此外,从1984年参加工作,到1996年走上行政岗位,我已经拥有12年的教学经验,对历史学科的专业知识、考试考点、教学方法等已经驾轻就熟,八届毕业班的带班经验使得我对高考的前沿信息了如指掌。不仅如此,我带的毕业班屡次在高考中名列前茅。当时吴县的吴县中学和木渎中学是两所老牌高中,在生源和高考成绩方面都是吴县的佼佼者,但是我所带的枫桥中学文科毕业班,高考成绩斐然,总是能做到超越其中一所老牌学校。也正因为如此傲人的高考成绩,学校十分欣赏我的教学才能,所以提拔我为年级组长、教研组长,由于工作十分出色,我后来又被提拔为教科室副主任、主任,教务处主任等。

因为出色的教学能力和管理水平,我才得到了这些提升的机会。能力越强,责任越大,我对自己的要求也就更严格。要想同时兼顾教学与行政,需要付出更多的时间与精力。

那段时间,我依旧是"以校为家",吃住都在学校,一有时间就进教室辅导学生,或是在办公室认真准备教案、研究课堂教学。后期,我搬出校园,但留给学生、留给课堂的时间并没有减少。为了不耽误时间,我就把家安在离学校步行仅需十几分钟的地方。我全身心投入教育,换来的是丰硕的教学成果。

我担任教科室主任时,学校被评为苏州市教科研先进单位;担任教务处主任时,学校成功晋升四星高中,高考成绩进步明显,陈凤同学获2006年苏州市高考状元。虽历经高考方案的变革,但我所带的2003、2004、2006届文科班高考成绩都取得高于省平均分15分以上

的好成绩。2001 年起，我连续多年参与苏州市高三模拟高考历史试卷的命题工作；在苏州市高三复习研讨会、2007 年新课程高三教师暑假培训活动中都作了高考复习专题讲座，深受教研员与同行的好评。

虽然在自己的岗位上已经取得了许多出类拔萃的成就，但是我并没有放弃学习，而是继续坚持专业发展。我从不放松学习和自我提升，积极把握进修的机会。为了不远离任教学校的学生，我攻读了苏州大学的函授本科，又被推荐参加了一个区只有一个名额的苏州大学研究生课程班。2002 年，我参加了江苏省首届骨干教师培训，之后又参加了省初中骨干校长高研班和义务教育课程标准省级培训。

教师积极进修、参加继续教育的意义重大，对于历史学科来说尤甚。作为历史教师，在真正课堂实践时，需要掌握历史专业知识、历史教学论、教育心理学等大量知识，如果历史教师的知识结构不完整，知识点更新不及时，那么就只能围绕课本知识进行教学，无法进行有效的知识拓展。随着社会的发展，新的信息大量产生，人们对教育和历史学科功能的认识也在逐渐深化，历史教育的内容和方法等都将随之发生变化。[①] 同时，新课改要求教师成为教育的研究者，历史教师的继续教育就显得尤为重要。我通过积极参加进修，更新了教学和教育管理方面的知识及方法，提高了文化科学修养。以往我接触更多的是教学、高考等经验型的讲座和培训，在进修时，我接触到了许多大学教授，依托这些专家的讲座，我的历史理论水平得到提高，视野更加开阔。可以说，积极参加进修是我在教育管理者时期专业成长的主要办法。

成为教育管理者一定程度上也扩大了我专业成长的渠道。在此期间，我开始担任苏州高新区的历史学科兼职教研员，一干就是十几年。也正是在担任了教研员一职后，我的视野才跳出了自己目之所及的狭窄区域，跳出苏州市，开始逐步接触层次更高的历史教育专家。

阅读一直是我的习惯，即使身兼数职，我依旧不忘阅读。陕西师范大学主办的历史教学刊物《中学历史教学参考》、华南师范大学主

① 王双怀：《历史教学论丛》，陕西人民出版社 2017 年版。

办的《中学历史教学》,一直是我最关注的两本刊物,我时常阅读这些杂志,了解历史教学前沿的最新动态,了解其他名师对历史教学的深入思考。通过阅读专业杂志,我时刻关注历史学科研究的最新进展。拥有了丰富的历史教学经验后,我也开始受邀执笔。最先撰写的是《中学历史教学参考》中关于高考专题复习的内容——《高考历史新专题教学设计专题复习》,一开始我负责其中的一两个专题的撰写,后来开始执笔分析高考试题。这一阶段,从对高考复习的研究,到对高考试题的研究,我进行的主要是针对高考研究的写作。再后来,苏州市教研员何妨老师邀请我进行面向苏州大市的高中历史试题的命制,此后,我的工作就从之前的做题、解题、分析题变成了研究自主命题。从中我们可以发现,教师要做好教育研究、写好文章,必须依靠大量的阅读。教师如果能做到将读写结合,以读促写,对促进自己的专业成长是非常有帮助的。①

忙碌的工作并没有消磨我的教育热情。因为我是农村出身,依靠读书改变了命运,所以我更懂得如何关爱学生。我对班上的大部分学生都进行过家访,经常骑着一辆自行车就往学生家中赶。对于一些重点学生,我几乎每周都会上门家访,向父母了解学生的学习情况,这样饱满的教育热情我一直保持到了现在。正是由于我对学生的关爱,才使我在教育教学中展现出亲和力,拉近了与学生心灵上的距离,进而使学生由“亲其师”而“信其道”。也正因为这些丰硕的教育成果,2008 年,我被评为江苏省特级教师。

三、苏州名校长时期的专业成长示范

2015 年,我被评为“苏州名校长”。早在 2011 年,我就在公选中脱颖而出,由组织安排到新区二中担任校长。此时的我正式成为学校的一把手,肩上的任务不仅是自身的专业发展,也要兼顾同校老师的专业发展。我十分注重调动老师的积极性,聚焦于教师共同发展,注重文化引领和师资建设。我从教师团队建设着手,完善教师管理

① 刘波:《从新手到研究型教师:我的专业成长手记》,宁波出版社 2016 年版。

制度。例如取消教师上下班需要打卡的规定，取消教师进出校门的登记制度，把对老师的尊重和信任放在第一位，营造了积极向上的教师群体氛围。我说："全校上下应该是团结合作的关系，而不应处于对抗的状态中，学校领导应该相信老师，没有哪位老师是不希望学校朝好的方向发展的，懒散的教师毕竟是少数，可以单独找他们谈话，不能因为少数人不守规矩而否定整个教师团队。"[①]此外，我充分尊重教师的意见，提出了中层干部竞聘上岗的方法，即在选拔干部时，需要经教师投票选出，这一举措提升了普通教师对学校事务的参与感。这些从细节入手的举措使得全校师生精神面貌焕然一新。我不仅专注自身专业发展，还致力于全校教师的专业发展，将教师的专业成长作为学校工作的首要任务。先后成立教科研中心组、班主任沙龙、青年教师读书沙龙，加强教师间交流培训，加快青年教师专业成长。这些举措很快取得了可喜的成绩。2013—2014 年，有 2 位老师被评为苏州市学科带头人，5 名青年教师获得了苏州市评优课或基本功大赛一等奖，代表苏州市参加省青年教师比赛，业内专家说："在一所初中里，一年能出现 5 名教师参加省比赛并胜选，这是难能可贵的。"[②]

成为苏州名校长后，我的历史教学研究工作也从未止步。在长期的教育教学实践中，我深深地悟出了"教而不研则浅，研而不教则枯"的道理，坚持以研促教，以教带研，教研结合，力争实现从"辛苦型、经验型"向"效率型、科研型"教师的转变，力求成为"学者型"校长，并且取得了一定的教研成果。首先，紧密联系自身的教育教学实际开展研究。我任苏州市实验中学校长一职以来，先后主持、参与了多项省市级教科研课题的研究工作。其中，参与的江苏省教育科学"十五"规划立项课题"内地新疆高中班教育教学管理研究"已通过省里鉴定，并获市教育成果一等奖；参与的江苏省规划课题"历史课程

① 庞砚清：《仲尧明：点燃师生心中的光荣与梦想》，《华人时刊（校长）》，2017 年第 Z1 期。

② 庞砚清：《仲尧明：点燃师生心中的光荣与梦想》，《华人时刊（校长）》，2017 年第 Z1 期。

素养下互动型教学的重建研究”顺利结题；主持的江苏省规划课题“基于师生积极情绪的中学学校文化建设研究”也已结题，撰写的科研论文获京苏粤第三期校长高级研修班答辩优秀成绩，并入选《学校管理变革的实践智慧——京苏粤优秀中青年校长办学思想录》。其次，勤于笔耕，积极撰写教科研论文，编写各种教学类用书。我曾在《历史教学》《中学历史教学参考》《中学历史教学》等杂志发表论文多篇，主要内容为教学实践的总结和反思。受省历史教研员刘克明的邀请，我曾参加江苏省历史高考《考试说明》的修订工作，以及江苏省普通高中学业水平测试（必修科目）即“小高考”的命题工作。近几年，我受邀开设名师展示课、示范课、专题讲座10多节次，赢得专家和同行的广泛好评，是一名得到领导、专家、同行、学生广泛认同和高度评价的优秀骨干教师。

我深知“一花独放不是春，百花齐放春满园”。成为校长之后，我在不断提高自己的同时，还把自己的教学经验毫无保留地传授给青年教师。无论是本校的，还是兄弟学校的，不论是否正式结对，我都悉心指导，不仅教备课、教学方法等教学方面的经验，更教他们敬业精神和做人的道理。经我指导的教师进步很快，能够迅速成为教育教学骨干。鄢国鹏、张华中老师获苏州市区高中历史优质课评比一等奖，康壮、沈伟、杨洁老师分获苏州市高中历史基本功竞赛一等奖、二等奖，张华中老师被评为苏州市名教师、正高级教师，鄢国鹏老师、康壮老师已被评为苏州高新区中学历史学科带头人。2013年，成立了由我主持的名师工作室，第一期成果突出，两次被评为优秀，成员合作撰写的《史学阅读与微课设计·中国近代史（上）》已正式出版。

回首我从新手教师到成为正高级教师的专业发展过程，可以发现，整个过程实现了从教学到教育、从育分到育人的转变，是教学高度不断提升的过程，也是对教育的理解不断加深的过程。依据马斯洛需求层次理论，需求可以归为缺失性需求和成长性需求两种形式。缺失性需求的特点是在未得到满足时会驱使个体追求，得到满足之后个体便不会再产生动机；而成长性需求则表现为需求未得到满足时不会产生强烈的动机，一旦需求得到满足，动机便会强烈，促使人不断追求自我实现。教师发展也遵循这个理论。尤其是成为学校管理的一把手之后，我考虑更多的是学校如何发展，教学质量如何提升，怎样帮助其他教师成功。在新手教师时期，成功与学生的进步和自身发展有关，而在成为管理者以后，别人的成功可能就是你的成功。虽然工作地点屡次调动，负责工作不断变化，但我坚持“带班上课”。因为我认为，只有上课，才能真正了解一线课堂教学，而且，从某种程度上来说，这也能起到对普通教师的示范引领作用。虽然已经取得了正高级教师的荣誉，但我时刻提醒自己，作为一名教师，要及时与学生、同事沟通交流；同时作为一名校长，也要考虑如何使这所学校发展，如何使老师成长。我作为教育管理者的优点之一就是善于倾听老师的想法，结合学校实际进行教师团队建设，营造积极向上的氛围，调动老师的积极性，做好学校发展的规划。

第二章
我的中学历史教育理念

长期以来，我注重培养学生的"问题意识"，倡导学生从问题出发，通过对问题的思考和探索过程，掌握学习历史所需要的思维与能力，逐渐形成和完善了以"问题性""整体性""开放性"为特色的"中学历史问题探讨"教育理念和"实、思、活、用"的教学风格。可以说，我独特的历史教育理念促使我成为中学历史教育的佼佼者。同时，我的专业成长也在源源不断地为我的历史教育理念注入新的生命力。

第一节　基于“问题”的中学历史教育理念

人类的认识起源于问题的产生，正是在发现问题、研究问题、探讨问题、解决问题的过程中，人的认识才能得以提高。教学的过程也是发现问题、研究问题和解决问题的过程。鉴于历史学科的特点，更应关注学生的“问题意识”。历史课程实施的核心价值之一，就在于培养学生“提出问题”的能力。评价学生历史学习表现也应该侧重于探究学习的“提出问题”。[①] 什么是问题？建构主义学习理论认为，学习是一个积极建构的过程，学习者在这个过程中，凭借已有的知识和辅助条件，去构建新的思想和概念，而当学习者已有的知识不足以生成和建构新的思想和概念时，新旧知识之间将有一段距离，这个距离就表现为问题。我国的课程标准指出：“学生历史学科核心素养的发展，绝不是取决于对现成的历史结论的记忆，而是要在解决学习问题的过程中理解历史，在说明自己对学习问题的看法中解释历史。教师要认识到，任何一种教学方法的实施，都在一定程度上与问题的提出和解决有十分密切的关系。”[②]由此可见，历史教师既需要分析教学内容，还要学会以“提出问题”作为开始教学的切入口，以“解决问题”作为结束教学的逻辑点，用问题将课堂串联起来。我在多年的历史教学中，逐渐摸索出一套基于“问题”的历史教育理念——“中学历史问题探讨”教学理念，并在“对话教学”中得到了有效的贯彻。其主要教学过程为“创设情境—提出问题—相互探讨—总结评价（问题解决）”，突出问题化、整体观、开放性的教学特点，体现以人为本、以学生发展为本的教学理念。

---

① 仲尧明：《用PTA量表培养学生的提出问题能力——以历史问题式教学设计示意为例》，《中学历史教学参考》，2020年第11期。

② 中华人民共和国教育部：《普通高中历史课程标准（2017年版2020年修订）》，人民教育出版社2020年版。

一、从“整体性”意识出发

系统论认为，整体是由若干个相互联系、相互依赖、相互制约的要素组成的，诸要素组合的整体优化功能大于各个要素功能之和。教学系统是一个整体，因此，根据系统论的观点，教师在备课时，应从整体意识出发，将一节课视为一个整体，运用整体观念对影响教学效果的各种因素，如教学内容、教学方法、师生活动等分别进行分析和处理，然后按照整体最优原则设计出一份最有价值的教案并付诸实际教学。在实施教学的过程中，教师还应不断地搜集反馈信息，调节教学过程，以发挥教学的整体功能。[①] 在历史教学中，我高度关注培养学生整体性意识，也十分关注教学的整体性、系统性。我将历史教学的整体性分成了三部分内容：历史知识整体观、历史认识综合观和历史情感系统观。

历史知识整体观，顾名思义，就是要将某一历史事件或人物放在古今中外的历史大背景下去考察分析，而不是用孤立、割裂的眼光去理解，将知识碎片化。马克·布洛赫说：“唯有总体的历史，才是真历史。”[②]我受此启发，通过确定综合性目标、以设计“问题链”的形式整合教材内容、综合应用教学方法、创新作业形式等途径，构建整体化教学，力求实现从“碎片化”向“整体化”历史教学的转变。在中学历史教学中，教师容易就事件论事件、就人物论人物，缺少横向比较和纵向联系，忽视了事物背后隐藏的深层因果关系，没有把人物、历史事件放在完整的时局中分析，没有透过现象找到本质，忽视了事物之间的本质联系。[③] 以我的“中学历史问题探讨”教育理念为例，在对话教学中，教师要把历史课堂教学看成一个整体，把提问作为课堂教学的一个重要组成部分。问题设计需要注意的地方有很多，在设计课堂提问时，教师首先要立足于整个课堂，从课堂教学整体安排出发；其

---

① 司霖霞：《历史教师教学技能与训练》，航空工业出版社 2012 年版。

② 马克·布洛赫：《历史学家的技艺》，北京师范大学出版社 2014 年版。

③ 蔡园园：《高中历史教学中“碎片化”问题的检讨》，曲阜师范大学 2019 年硕士学位论文。

次，要把课堂提问这一局部过程也作为一个整体来对待，提出的每一个问题都应该与教学目标有关，问题之间也应有内在联系，从而发挥整体优势，使教学效果最优化。

除了提问内容需要从整体出发，提问的角度也应注重整体性。我认为，课堂提问应从三方面着手。一是从教材出发，所提问题应该能够促使学生从不同层次和方位思考问题。布鲁姆将认知领域的教育目标分为六个层次：识记、理解、应用、分析、综合、评价。不同层次的教育目标应有与之对应的问题设计，通过对历史教材的深入研究，用系统而逻辑严密的语言，向学生进行有针对性、环环相扣的提问，这些问题，可以是具体的历史概念、历史观点、抽象的历史发展规律等不同层次的问题，也可以是本课一般知识点、重难点、易混点等不同层次的问题，以此形成学生自己对历史的认识，提高他们对历史及社会问题的分析和解决能力。通过“问题链”，以“问题”为主线，进行教学目标、教学重难点的教学。二是从学生出发。建构主义学习理论强调学生已有的知识经验，认为学习者在学习新的知识时往往会依靠其已有的知识和认知能力形成对问题的解释。这就要求教师在课堂上要充分考虑学生已有的经验，注意联系新旧知识，适当选择教学方法，活跃课堂气氛，把学生现有的知识充分挖掘出来，打开学生的思路，帮助他们解决问题，并在这一过程中，使学生的知识得到梳理，纵横交错地形成网络，构建学科知识体系。[①] 三是从问题本身出发。问题的提问方式有很多种，用不同的提问方式提问学生，如是封闭性问题还是开放性问题、是回忆类问题还是更高层次的思考类问题等，引导学生多角度、多途径、立体式地分析问题、解决问题，从而培养学生的发散性思维和应用综合知识解决问题的能力。

历史认识综合观指人们对历史事物的描述、看法和评价要综合化。以人教版必修一第10课《鸦片战争》为例。从结构来说，需要从鸦片战争爆发的背景、原因、过程、结果、意义来进行教学，此为一个整体；但如果仅仅就历史事件而论历史事件是远远不够的，对于鸦片

① 陈仲丹：《著名特级教师教学思想录·中学历史卷》，江苏教育出版社2012年版。

战争这一历史事件，还需将其放置在中国近代反侵略求民主的历史之中进行研究；将视野再次扩大，纵览整个世界史，又可以将其纳入工业革命对中国的影响。历史事件是一个点，但要获得对它深入、全面的认识与理解，就必须贯通古今中外，把握历史阶段特征、历史线索、历史知识的内在联系和新旧知识联系，取得对历史的综合认识。只有学生自己主动意识到自身对课本的知识还有这样或那样不解的问题时，才会产生求知的欲望。这方面成功的教学事例很多，尤其是经聂幼犁先生点评后在《历史教学》发表的研究性学习案例，如"真的是李鸿章卖的国吗"[①]"辛亥革命是成功还是失败"[②]"火烧曹宅对不对"[③]等，都在历史教学领域产生了较大的影响。

现代中学历史教学往往就事论事，就题论题，将问题结束停留在标准答案上，显示出中学历史教学的机械性。针对这种现象，我曾经进行过深入研究，并发表了《在讲评试题的过程中开发学生的思维》[④]一文。这篇文章主要考察并反思了现在高中复习课就题论题的现象。我认为，只需要精心构思，用心设计，复习课也同样能让学生回味无穷。高三课同样可以培养学科能力，就看教师是否具有创新教学的意识。其实，我们都有过这种感受：在讲解练习时，尤其是选择题练习时，老师往往避重就轻，只是说明了自己的理解，或者直接往给定的参考答案上靠拢，针对有些模棱两可的选项，并没有针对学生的思路进行讲评，也没有回应学生的观点，导致学生依旧云里雾里，没有真正理解题目所述的含义。这样导致的后果就是学生没有从中得到提高，思维水平仍停留在原位。这些教师在历史教学中往往缺少"中国是世界中的中国"的概念，将中国史与世界史割裂。老

---

① 韩春玲、聂幼犁：《以"真的是李鸿章卖的国吗"为例，看中学历史学科的研究性学习》，《历史教学》，2004年第1期。

② 李茜、聂幼犁：《以"辛亥革命是成功还是失败"为例，看中学历史研究性学习》，《历史教学》，2003年第12期。

③ 聂幼犁：《从"火烧曹宅对不对?"看中学历史学科研究性学习》，《历史教学》，2004年第9期。

④ 仲尧明：《在讲评试题的过程中开发学生的思维》，《历史教学(中学版)》，2011年第2期。

师教学尚且如此，学生历史认识零碎化，缺乏对历史的整体把握，无法形成对历史的综合认识及完整的历史架构，也就见怪不怪了。要克服这样的问题，就需要教师提高自身要求，充实自身历史学科知识。

情感是人对客观事物的态度体验及相应的行为反应，在历史教学中渗透情感教育，有助于加深学生的情感体验，调动学生的情感；有助于创设历史情境教学，促进学生对历史的深层次认识；有助于学生做到知情合一，拉近历史与生活的距离，在历史教学中具有重要的意义。历史情感系统观是指在进行历史情感教育的同时，应追求情感层次的丰富性、系统性。

最新的普通高中历史课程标准提出历史学科五大核心素养之一的“家国情怀素养”，从理论层面强调了历史情感教育的重要性。但是在实践层面，却依然存在许多问题：当前高中历史教学中情感教育资源单一、目标空泛，教师制定的教学目标有些仅停留于表面，且流于形式，渗透不够深入。[①]

在多年的历史教学中，我经历了历史情感教育目标从无到有的发展过程。从重视“双基”，即基础知识与基本技能，并未提及历史情感教育目标；到历史三维目标，开始提及情感、态度、价值观；再到现在的历史学科核心素养中的“家国情怀素养”，历史情感教育目标越来越受到教育者的重视。但目前历史教学存在的问题是将“家国情怀素养”过于局限化，仅仅注重对学生的爱国主义教育。通过历史课堂培养学生的爱国之情固然重要，但充分发挥历史学科能够创设情境的特点，实现情智交融，培养学生的历史感受力也不容忽视。我从很早之前就认识到历史教学中情感教育的意义和重要性，在日常教学中非常注重情感教育，开始尝试进行历史体验式学科活动的设计。“体验”是一个知、情、意、行为融为一体的内化系统。“体验”在历史教育领域的价值，在于唤醒、开掘与提升学生的潜能，促进学生的自

① 何枚：《情感史视域下高中历史教学中情感教育的应用策略》，福建师范大学2019年硕士学位论文。

主发展，着眼于促进学生认知、情感、态度与技能的和谐发展。[①] 例如在讲授《北宋的政治》这一课时，教师提供“杯酒释兵权”的故事，让学生体验当时宋太祖和高级将领的内心活动。“杯酒释兵权”讲述的是宋太祖赵匡胤通过酒宴方式，恩威并施，要求高级将领交出兵权的历史事件。以故事情境为载体，通过绘声绘色的历史故事的讲述，将猜想与假设以问题的形式串联：赵匡胤向将领“诉苦”表露了其怎样的性格？（学生：直接却又有谋划……）太祖对高级将领进行物质诱惑又显示了怎样的性格特点？（学生：宽厚、关爱……）太祖提出建议“解甲归田，置办产业”体现了怎样的智慧？（学生：恩威并施，威逼利诱……）生动的猜想和推理让学生体验到了太祖的权谋和人性。进行历史体验式学科教学，有利于学生多方位、多层面地体验到历史演进过程中的生动细节，有助于其捕获更深层次的信息，形成不同的感受，使学生的历史情感告别单一，走向系统化，让历史课堂成为有温度的课堂。

二、以“问题性”思想上课

历史是一门注重思辨的学科，十分注重对学生批判性思维的培养。我的“中学历史问题探讨”的教学理念中，最为关键的就是“问题”。新课改背景下的教师观要求“教师由知识的传授者转变为学生学习的引导者和学生发展的促进者”，“从‘教书匠’转变为教育教学的研究者和反思的实践者”。作为新时代教师，就应该不再局限于“传递知识”，更应启发学生智慧，“中学历史问题探讨”的教学理念通过指导学生阅读历史材料，对材料进行思考分析，去粗取精，尽可能地获得有效信息，并且能够敏锐地从历史材料中通过自己的思考，提出问题。“对话教学”是能够有效进行以问题为中心开展教学的最好方式。对话教学指“教学过程中的主体借助有意义的交流，不断探究和解决教学中生发的问题，以增进教学主体间的理解，提升师生教学

① 仲尧明：《历史体验式学科活动的设计路径探索》，《中学历史教学参考》，2019 年第 3 期。

生活质量的过程”[1]。在对话教学中，教学不再是教师的“独白”和“传话”，不再是教师一个人的舞台，而是师生的“共鸣”与“对话”。说是“对话”，其实它与普通的师生对话又有不同之处。教学中的对话有明确的主题，问题的设计是为了更有效地达成教育目标，而不是天马行空的聊天。

我认为，对话教学首先要实现学生与教材的对话。在一节新课学习前，学生最先接触的就是教材中的相关内容。教师在布置课前预习作业时就应利用好这一点，注意作业的布置需要尽可能地让学生对所学的历史内容有一个脉络方面的整体把握，有自己的思考，就会产生疑问，对正式教学时开展以问题为核心的对话教学就会有促进作用。例如在学习《辛亥革命》这一课时，学生在自主预习时就可围绕辛亥革命从以下方面对自己进行提问：什么是辛亥革命？辛亥革命是如何开始和扩展的？辛亥革命有什么意义或影响？同时，除了正文部分，“历史纵横”“学思之窗”等板块教师也需加以关注并利用。这些部分只要教师根据教学需要加以适当改造都可以促进学生与教材对话。学生与教材间的对话是对话教学的第一层次。

第二层次是要实现学生与教师之间的对话。此时教师的问题应注重生成性，因为在实际课堂中，学生可能并不会回答出与教师备课时预设内容一致的答案。此时，就比较考验教师对课堂的把控水平。同时应注意，教师设计的问题应由表及里，层层递进，层层深入，注意循序渐进。例如，在学习《鸦片战争》这一内容时，教师可设计以下一组提问：为什么把这次战争称为“鸦片战争”？既然鸦片有害，为什么英国还是选择向中国走私鸦片？为什么在中英正当贸易中，英国会亏损？通过层层追问来引出教学主线。当然，在这样一系列的提问中，要注意提问对象的广泛性。如果问题的设计只照顾一部分学生，就会削弱其他学生参与对话教学的主动性与积极性，这样的对话教学是失败的。

第三层次是生生对话。每位学生都是独特的个体，对历史事件

① 郑金洲：《对话教学》，福建教育出版社 2005 年版。

的感受并不相同。学生间智慧的碰撞往往能够给教师和课堂带来不一样的惊喜。最常用的形式便是小组讨论。因为一些问题的答案不唯一,小组讨论允许学生对问题有不同的看法或结论。通过这种形式,鼓励学生发散思维,从不同角度思考问题,鼓励学生敢于质疑"既成结论"和"权威观点",能够勇敢发表自己的见解和主张。学生"有话可说、有话敢说",这才是成功的教学对话,也是对话教学所追求的最高目标,一定程度上也能促进师生的共同发展,使得每个学生自主、和谐地成长。

"中学历史问题探讨"教学理念指导下的主要教学过程为"创设情境—提出问题—相互探讨—总结评价(问题解决)"。"创设情境"是我的"中学历史问题探讨"教学理念的首要要求。"情境教学"模式由来已久。在学术界,一般认为是美国教育家杜威最早提出"情境"概念,他认为"人类的思维是由于直接的情境而产生的"①。在杜威的基础上,美国的教育家克伯屈进一步提出了创设情境的问题。情境教学对历史教学的开展至关重要。历史课讲授的是过去的事物,无法重演。所以在上古代史、世界史等课程时,由于这些历史年代久远,学生学习时会本能地有陌生感,认为都是"陈年老账",与自己无关,本能地排斥,无法产生共鸣。只有解决这一问题,才能调动学生学习的积极性、激发学生的学习兴趣。创设情境便是一种良好的拉近历史与现实的距离、贴近学生生活的教学方法。

我被评为特级教师后,作为苏州市名师共同体成员上了一节示范观摩课,内容是人教版必修二第八单元第 24 课《世界经济的全球化趋势》。全球化趋势这一概念比较抽象,于是我就设计了能让学生感同身受的导入。我以从家到学校上课路途中的所见所闻作为导入:我当时开着美国福特牌的汽车前往学校,戴的是日本的西铁城手表,来的路上看到了很多肯德基、麦当劳店铺。这些都是同学们日常生活中常接触到的外国品牌。我通过提问"为什么这些外国品牌能在中国随处可见?"引出本课的主题"经济全球化"。这一情境的创设能

---

① 赵祥麟、王承绪:《杜威教育论著选》,华东师范大学出版社 1981 年版。

够带给学生积极的情感体验，提高其学习的积极性。第二步便是提出问题。问题的整体性我在上文已有相关论述，此处便来探讨“整体性”与“问题性”的关系问题。“整体性”追求的是整个课堂的和谐与平衡，致力于学生能够更全面、多方位地掌握历史知识，提升历史学习素养；而“问题性”则更注重学生独立思考、相互合作等能力的培养与提升。但两者都是为了实现教学目标以及培养学生的历史学科核心素养，并不矛盾。那么如何在课堂上将两者有机结合，起到“1＋1＞2”的效果呢？我认为，任何一节课都需要一条主线，对于对话教学来说，可以通过追问来构成主线，层层设问，追问的那些问题需要从课堂的整体出发，为课堂的整体服务，这样的课堂做到了统筹兼顾，是整体性与问题性有机结合的课堂。这一教学过程的最后便是“相互探讨”“总结评价”。相互探讨可以是学生对教材的再次思考，可以是师生交流，也可以是生生探讨。这三种形式的选择，教师可以视具体教学内容、教学进度、教学目的等情况而定。相互探讨的目的主要是让学生有更多的机会表达自己的看法并且敢于发表自己的观点，锻炼他们的思维能力以及语言表达能力，同时让他们学会倾听他人观点，为他们提供一个积极、和谐的学习环境。

三、向“开放性”课堂迈进

开放性历史教学通常指“以人才培养目标和现代教育理论为指导，尊重学生个体差异和发展潜能，以历史问题为载体，在教学中开放教学关系、开放教学内容、开放教学形式，使学生通过动手实践、自主探索与合作交流等方式主动获取知识、应用知识的一种教学模型”[①]。虽然新版的《普通高中历史课程标准》颁布已经有一段时间，高中历史课程也进行了一系列改革，但传统教学理念的部分弊端依旧存在，学生依旧是被动的知识接受者。鉴于当下的教学情况，我力主课堂应向开放性课堂迈进。我的“开放性课堂”与传统的开放性史料以及达成开放性结论不同，我尝试将生态学在教育领域的应用发

① 杜先富：《开放式教学的理论与实践》，华中师范大学 2003 年硕士学位论文。

展研究成果运用到历史教学中，并将两者结合，构建了“生态型历史课堂”模型，这是传统的历史开放性教学很少涉及的针对课堂操作而研究的模型建构。生态学视角下的历史开放性教学，需要教师创设情境、设计问题，学生根据这些问题，通过分组讨论的方式，独立思考、沟通合作，从而解决问题。在这过程中，教师营造开放、和谐的课堂气氛，以达到促使学生解决问题并提升创新能力的效果。

那么如何具体来进行开放性教学呢？我认为，开放性教学在新授课和习题课中都可以运用。新授课的开放性教学模型的基本流程为：教师提出问题、创立情境—师生讨论、交流分享—教师分析概念、师生理解拓展—学生联系实际、应用史实。在常规的新授课中，明确开放性教学目标是设计教学的第一步，开放性目标不仅要注意知识与能力，还要兼顾学生历史情感的培养和实际应用。之后，便是对新课内容的具体设计。我将“提出问题，创立情境”作为开放性教学的第一步。情境设计好后，可以拉近历史与现实的距离，学生也更易沉浸在历史氛围中，对抽象的历史概念的接受度更高。在进行历史概念的讲解时，教师可以选择适当的教学方法，引导学生进行猜想、思考，有意识地培养学生的开放性思维。之后师生间、生生间进行“交流分享”，这有利于学生在猜想、思考的基础上，形成自己独到的解释；同时，通过相互交流，也能让同学们认识到自己观点的偏颇之处以及他人观点的闪光点之所在。这样一来，学生的思维得到尊重，学生的课堂参与感加强，师生在交流互动中实现动态平衡，学生的历史学科表达能力也得到了提高，对历史概念、史事特征的理解加深，历史思维能力也得到了拓展。“实际应用”可以促使学生的应用能力和语言表达能力再次得到提高。当然，开放性问题的来源，首先应依托课本。如我在上人教版必修二第八单元第 24 课时，提到“经济全球化”不仅对发展中国家来说是一把双刃剑，机遇与挑战并存，对发达国家也是如此。在之后的评课阶段，有老师对此提出异议，认为教材中的说法是“对发展中国家是一把双刃剑”，“对发达国家也是一把双刃剑”的说法略有不妥。但经过中美贸易争端，我们可以清楚地认识到，由于经济全球化，发达国家资本外流，一些产业被迁移到发展中国家，创造了很多就业机会，在这种情况下，本属于发达国家工人的就业岗位就被发展中国家的工人代替，导致本国失业率持续增高，尤其在发展中国家也开始逐渐掌握高新技术后，这些发达国家便感觉危机重重。所以，经济全球化对发达国家也是机遇与挑战并存。只有保持思维的开放性，才能从容应对历史的不断变化，保持自己清醒的认识，不被同化。这也就要求教师需要与时俱进，了解史学最新研究成果，并向学生介绍。

习题课的开放性教学建构，是加深学生对史事的理解，使史事完整化、具体化，牢固掌握所学知识的有效途径。[①] 习题课的开放性教学，一方面能提升学生解决问题的能力，锻炼其思维；另一方面，也能提高教师布置创新性问题的能力，提升作业布置水平，从而提高历史教学质量。习题课的开放性教学的基本流程为：教师引入初始问题—教师提出变式，师生自拟创新—师生分析交流，学生多元理解。"问题"是习题课的开放性教学的起点，通过生生间对初始问题的讨论，教师能了解学生的学习水平以及可能遇到的问题，使学生更容易融入课堂氛围。如讲授明朝内阁制内容时，可以通过有关张居正的影视作品导入，提出初始问题。在对初始问题进行多方位的分析，并且学生对初始问题已经有了自己的思考和见解后，教师再将问题进行加工、变式，使之变化拓展，形成新问题，这有利于检查学生是否真的掌握了这一类型的试题，同时能够培养学生的发散思维。我在解释这一教学方式时给出了这样的例子：如讲授内阁制的变式问题，可以从地位变迁、票拟、与司礼监的关系等方面去入手。第三步的"分析交流"是教师倾听学生的观点，再与学生一道对问题进行分析，得到变式问题的结论。开放性教学使得相对较枯燥的习题课也能充满温度，使学生发挥主观能动性，主动学习，也能促使教师提高教育热情，教学相长，引发师生情感共鸣。

---

① 仲尧明：《生态学视角下历史开放性教学的课堂研究》，《历史教学（上半月刊）》，2017 年第 5 期。

第二节　“实、思、活、用”的历史教学风格

教学风格是指教师在多年的教学实践中形成的独有的教学方法。它凝聚了教师的个性特征和教学经验，综合了教师独有的教学理念和策略。[①] 教学是一项技术，更是一门艺术。教学风格就是教师追求的一种稳定且独特的状态及表现。在多年的历史教学实践中，我以脚踏实地的实践力创教学特色，用心研究学生，初步形成了“实、思、活、用”的教学风格。这一教学风格的形成离不开“中学历史问题探讨”教育理念的直接影响，正是对“中学历史问题探讨”教育理念的贯彻，使我形成了“实、思、活、用”的历史教学风格。

一、“实”

“实”，一方面是指实实在在，另一方面指扎实。实在、踏实首先就体现在我的个人性格上。1984 年开始从教以来，我一直以学生为生活重心。在从教早期，我常常睡在学校，以校为家，半个月才会回家一次，并且每周骑着自行车，前往学生家中家访。在新手教师时期，我总是踏踏实实地向周围的老教师请教教学方法以及班级管理方法，一有时间就到班辅导。勤能补拙，在我的辛勤付出下，某年吴县高二全县期末统考时，我所教的文科班取得了全县第五名的好成绩。1987 年，我所带的第一届高三文科班就在高考中超过木渎中学，夺得全县第一名。自此，我几乎年年在高三带班。这样踏实认真的性格，也同样反映在我的专业成长上。在教学之余，我会潜心阅读，丰富自身理论知识，提升自身专业素养，将教学中积累的教学经验以及感悟心得进行整理写作，在《历史教学》《中学历史教学参考》《中学历史教学》等杂志发表论文多篇，积极参与省级课题活动，并取得了

① 唐益星：《探索历史教师教学风格形成的途径》，《文理导航(上旬)》，2019 年第 5 期。

一系列奖项，最终被评为正高级教师。在教学方面，我深入研究教材，踏踏实实做好历史教师的基本工作。历史无法再现或重演，历史学科的发展也有其客观规律，我们对历史的认识，也是建立在古代典籍、出土文物上的。随着考古的不断发现，史料也会不停更新，所以只有尽可能地多收集历史资料，才能最大限度地接近客观实际。正因为历史学科的特殊性，所以需要历史教师保持终身学习理念，及时学习史学最新研究成果并向学生介绍，而非仅仅局限于课本。作为历史教师，还要把握历史教科书结构，掌握历史知识框架，引导学生阐释教材结构间的关系，帮助学生形成比较完整的知识体系。这一切的前提，都离不开教师踏实的教书育人的态度。在这样踏实的工作态度的指引下，我根据多年实践经验，提出了“中学历史问题探讨”教育理念，培养学生提出问题、积极思考、发散思维的能力。“扎实”一方面指的是教师自身要有扎实的历史知识和教育学知识，另一方面指的则是教师要认真负责地教学，夯实学生的历史学习基础。因为拥有过硬的历史教学基本功，所以我能够帮助学生形成比较完整的知识体系，夯实学习基础。

二、“思”

“思”就是思考探索，引导学生发现问题、分析问题、解决问题是提高学生批判性思维能力的方式之一。随着教学经验的不断丰富和对历史教学感悟的不断加深，我认为“思”不仅仅指思考探索，更应该是历史所主张的思辨性和批判性思维。根据皮亚杰的认知发展阶段理论，高中阶段的学生思维处于对事物的感性认识转向对事物的理性认识阶段，抽象逻辑思维发展，独立分析问题的能力增强，但批判性思维还有所欠缺，大多数学生在学习时对问题的思考仍处于就题论题的水平，尚不能主动发散思维，总体来说，还处于被动思考的阶段。因此在这一阶段，教师应在课堂中加强对学生的引导，培养学生理性、全面、客观地分析历史问题、看待历史人物的能力，追求历史的真实性、客观性，提高学生的批判性思维能力。[①] 一方面，唯物辩证法要求我们学会辩证、一分为二地看问题；另一方面，近年来随着历史学科核心素养的提出，教师逐渐开始重视对学生进行批判性思维的培养。批判性思维有利于提升学生独立思考的能力，因此，有意识地培养学生的批判性思维是非常必要的。

历史教师在上课时，应在历史课堂适当地安排一些具有思辨性的历史问题。例如：针对八股取士的问题，主流的观点是在科举考试中，行文必须以"四书""五经"为题，采取统一格律，不允许考生自由发挥，写其所思，这严重钳制了古代文人的思想，阻碍了社会的发展。但现在有另外一种观点认为，朱元璋出身平民，为了让选官制度更公平，所以选择以在农村地区也广泛传播的儒家经典"四书""五经"作为科举考试内容，这一举措一定程度上能够促进考试公平，使出身中下层的读书人也能够有机会参与政权，参与国家治理，扩大统治基础。这是最近学术界部分学者持有的观点，认为八股取士有一定可取性。其实像这样的历史评价问题可以放入课堂教学，针对这些问题，鼓励小组间相互讨论、交流，经过独立思考以及相互探讨后，各自发表意见。这就是培养学生批判性思维极好的方式。选择一些与教材内容有关的拓展性问题，教师负责引导、启发，生生间开启"学术争鸣"，利用发散性思维思考，最后全班交流并形成总结。如果在历史课堂能够经常开展这些关于开放性问题的讨论，那么对学生批判性思维的培养就能起到极大的促进作用。当然，在培养学生的批判性思维时，我们要注意，历史这门学科最主要的特点就是尊重客观事实，禁止主观臆想，所得观点或结论不能来自没有根据的天马行空的猜测，要坚持论从史出，所持观点应有可靠史料的支持。

三、"活"

吕叔湘先生曾说："成功的教师之所以成功，是因为他把课教活

① 刘艳伟：《高中历史课堂中学生批判性思维的培养研究》，哈尔滨师范大学 2020 年硕士学位论文。

了。如果说一种教学法是一把钥匙，那么，在各种教学法上还有一把总钥匙，它的名字叫作‘活’。”①“活”，是课堂教学的总开关。我对这一教学理念的解释又有更新改进。早期我认为“活”就是方法新颖，形式活泼，师生互动，生生交流，气氛和谐，关系融洽，通过手段更新，运用新颖材料，创设新情景，推动学生去思考探究②。教学方法新颖、课堂气氛活跃，确实是“活”的表现。但随着教学研究的不断深入，我将其总结为“灵活”“灵动”，具体表现为学生主动、师生互动、课堂灵动。

首先是学生主动。在课堂中，教师要鼓励学生独立思考，充分尊重学生的观点，尊重学生主体。长期以来，由于应试教育的存在，即使新课改已经开展了很长时间，部分课堂依旧忽视学生个体作为独立的“人”的因素，忽略学生的个性发展，历史教学被戏称为“贝多芬”（背多分）。这样直接导致了部分课堂向“以教师为中心的模式”畸形发展，以教代学，没有注意到学生学习的自主性和学生的个体性，长期下去，将产生严重后果，培养学生的课堂主动性迫在眉睫。培养学生主动性要注意：一要了解满足学生的需要，激发学生学习热情；二是教师需要有意识地唤起学生的主体意识，尽可能结合学生兴趣，将课堂设计得生动活泼。

其次是师生互动。教学的双边性规律告诉我们，教师在教学中要正确引导学生学习的方向，恰当运用教学方法，充分调动学生的学习积极性，组织安排好教学活动。我提倡的“对话教学”就是师生进行互动的一个极好方式。教师通过追问能激起学生对问题的思考，从而了解学生的认知情况，同时鼓励学生自己提出问题，加强师生间的互动。只有这样，课堂才会形成一个富有活力的良性循环体。当然，师生积极互动不仅能营造活跃的课堂氛围，还能增进师生间的相互理解与共同发展，促进每个学生自主、自由、和谐地成长。

最后是课堂灵动，主要体现在对教材的灵活处理、采用适宜的教

① 吕叔湘：《关键在一个“活”字》，《课程·教材·教法》，1991年第10期。

② 摘自《个人小结（2008年申报特级教师）》。（由仲尧明提供的内部资料）

学方法。在对教材的处理上，以部编版为例，教师自身首先要厘清内容结构，在进行教学时才能将历史脉络、前因后果等梳理清楚，学生才能更容易接受。同时，教材内容的任何部分，如“导言”“学习聚焦”“思考点”等，只要教师根据教学目标和教学需要加以适当改变，都可以成为开放性问题，进行全班讨论。在教学方法的采用上，应根据教学内容的不同适当选择讲解法、讨论法、图示法等，这样才能最大限度地提高教学效果。

四、“用”

顾名思义，“用”就是学以致用。历史对人类的生产生活能够产生重大影响，我认为，教师在课堂上需要注意历史与现实的联系、历史与生活的联系，拉近学生与历史的距离。克罗齐曾说：“一切真历史都是当代史。”[①]历史学科的最大作用就是使学生具有思辨的精神，让他们探索历史发展的客观规律，以此来解决现实问题。鼓励学生在遇到事情时拓展思维，拓宽知识面，提高判断力。最能体现学以致用的一点便是鉴古知今。例如，从历史的宏观角度来看，著名文明往往兴起于大河流域，这是因为大河流域水源充足，利于灌溉，有利于农耕文明的发展。但随着人口的增加，人类活动的加剧，人们赖以生存的土地被破坏，许多文明也因此衰落，甚至消失。恩格斯明确指出：“美索不达米亚、希腊、小亚细亚以及其他各地的居民，为了得到耕地，把森林都砍完了。但是他们梦想不到，这些地方今天竟因此成为荒芜不毛之地，因为他们使这些地方失去了森林，也失去了积聚和贮存水分的中心。”[②]中国古代楼兰文明的衰落，很大程度上也与生态环境的破坏有关。以史为鉴，我们应该吸收历史的教训，经济发展一定要建立在生态文明之上，秉持“绿水青山就是金山银山”的理念，避免悲剧的再次发生。再如，在我国长达 5 000 多年的文明史上，涌现了不计其数的“苟利国家生死以，岂因祸福避趋之”的英雄儿女。有

---

① 贝奈戴托·克罗齐：《历史学的理论和实际》，商务印书馆 2017 年版。

② 马克思、恩格斯：《马克思恩格斯全集》（第 20 卷），人民出版社 1971 年版。

"路漫漫其修远兮，吾将上下而求索"的屈原，有不畏强暴、以身殉国的杨靖宇，有亲民爱民、无私奉献的焦裕禄……这些都是历史留给我们的精神财富。由此，"用"，不仅体现在知识层面对当今社会发展有影响，更体现在对当今价值观的形成有指导作用。作为教师，需要思考在历史课堂中如何利用好这些"中国精神"，培养学生形成正确的价值观和家国情怀。

"实、思、活、用"的教学风格实际就是"中学历史问题探讨"教学理念的具体体现，以问题为主线，讲求思辨性与开放性，通过追问与主线问题相关的贯通古今中外的历史事件，充分展示历史学科的生动性、丰富性、深刻性、思辨性。这种教学方式不仅有利于学生掌握历史知识，同时也能提升其历史思维能力，丰富其历史探究方法，升华以家国情怀为核心的历史情感教育，从而帮助学生理解并积极接受社会主义核心价值观的引领，增强历史学习兴趣，充分领略历史学科的魅力，启迪人生，增长智慧。

第三章
我的中学历史教育理念与专业成长的关系

我的历史教育理念与专业成长相辅相成，历史教育理念引领专业成长，专业成长反哺历史教育理念，相互促进，相互发展。最终，经过长期的课堂实践，以对话教学为载体的“中学历史问题探讨”教学理念成为一个经受实践检验的、科学的历史教育理念，我也在不断的历史教学研究与实践中，走向专业化，从一名普通教师成为正高级教师。

第一节　中学历史教育理念引领专业成长

经过多年的实践教学，结合教学中出现的一些问题以及总结出的经验，我认为上好历史课的关键就是建立正确的理念。为了实现学生更全面的发展以及响应新课改的要求，我不断转变教育教学观念，大胆改革传统的课堂教学模式，初步摸索出“中学历史问题探讨”教育理念以及“实、思、活、用”的教学风格。它们是两位一体的关系，其基本内涵都是以“问题”为中心点，将课堂打造成充满理性、活泼、开放氛围的课堂。也正因为这些理念的引领，我在专业成长方面一直稳步前进，发展成为特级教师、正高级教师。

在多年的历史教学实践之后，我拥有了深厚的教学理论基础和丰富的教学实践经验，摸索出“中学历史问题探讨”教育理念。这一理念是指在教学中以问题为中心，通过问题来组织学习，经过学生的自由思考和师生间、生生间的相互交流、探讨，使思想相互碰撞，引导学生应用所学知识、观点、方法去解决问题，进而去探索历史发展的内在联系，并从中培养学生的创新精神、历史思维能力和实践能力。[①] 教学理念来自课堂实践，同样要运用到课堂实践。该理念提出的“整体性”“问题性”“开放性”等要求对教师上课具有指导意义。问题的“整体性”要求教师应立足于教学全过程，分析处理可能影响教学效果的各种因素，以发挥教学的整体功能。具体而言，可将“整体性”归纳为“历史知识整体观”“历史认识综合观”以及“历史情感系统观”。我在许多课堂教学中都践行了上述理念。比如针对《鸦片战争》这一课，我就从“整体性”出发，认为学生学习“鸦片战争”这一历史事件时，不能仅仅将目光停留在它是“中国近代史的开端”，更要将其置于世界历史的宏观背景之下，以整体的目光去审视。“问题性”要求历史课堂不应只是历史知识的简单传授，而应充满思辨性的问

---

① 摘自《个人小结(2008 年申报特级教师)》。(由仲尧明提供的内部资料)

题，促使学生积极思考、相互合作，努力营造严肃活泼的氛围。也正因为我十分重视课堂教学的“问题性”，所以我在“如何提问”方面又进行了深入研究，写作了《高中历史对话教学中的“问题”艺术》[①]《用PTA量表培养学生的提出问题能力——以历史问题式教学设计示意为例》[②]等文章，使专业理论更加成熟。在历史课堂的开放性方面，我积极实践，针对不同的课堂类型设计了相关开放性教学方法。针对常态课，我在备课时有意设计开放性问题，同时积极安排相互讨论、交流的环节，为学生的思考、探索和创新创造最大的空间。结合生态学与教育学的发展成果，我建立了生态型历史课堂，写成《生态学视角下历史开放性教学的课堂研究》一文，供其他老师借鉴参考。针对历史阅读课，我依旧十分注重课堂的开放性。因为面临高考这一大考验，一部分老师对高中历史课并不会重视创新，而是要求学生将知识点掌握，将教材吃透，更不必说如何开展历史阅读课；另一部分教师有心创新历史阅读课的教法，却不知从何下手。我的实践可以为这些教师提供一个借鉴。我认为，阅读课也要明确教学目标，教师要适当指导阅读。因为如果没有教师的“导读”，学生的“自读”将会成为没有目标的盲目探索，讨论交流将变成不着边际的漫谈，“意义建构”将会事倍功半，花费很多时间，不得要领，甚至可能钻牛角尖。[③]

此外，我所形成的“实、思、活、用”的教学风格充分展示了历史学科的生动性、深刻性，不仅更有利于学生掌握历史知识，同时也能提升其历史思维能力，使学生充分感受历史学科的魅力，提升人生智慧。“实”，就是实实在在，就是扎实；“思”，就是思考、思辨，是对学生批判性思维的培养；“活”，就是活泼、灵动，具体表现为学生主动、师生互动、课堂灵动；“用”，即学以致用，通过探索历史发展的客观规律来解决现实问题。这也对我的专业成长起到了巨大的推动作用。因为经常思考教学问题、勤于动笔写作，我发表了多篇专业文章。更是

---

① 陈仲丹：《著名特级教师教学思想录·中学历史卷》，江苏教育出版社2012年版。

② 仲尧明：《用PTA量表培养学生的提出问题能力——以历史问题式教学设计示意为例》，《中学历史教学参考》，2020年第11期。

③ 仲尧明：《历史阅读课型教学实践与思考》，《中学历史教学参考》，2004年第Z1期。

由于采用这一教学模式，我拥有了出色的教学成果，深受学生欢迎，在每次测评中我任教的历史课都是最受学生喜欢的。除此之外，我在苏州市内外开设了多次高水平的公开课和专题讲座，为青年教师带来了理论学习和实践示范经验，被评为苏州市中学历史学科带头人、特级教师、正高级教师。可以说，以“中学历史问题探讨”为导向的历史教学理念引导我在历史教学这一领域深入研究，让我获得许多研究成果，借助发表文章、开设讲座等渠道传播自身的历史教育理念，推动专业成长，实现从教学向教育的转变。

第二节　专业成长反哺中学历史教育理念

我的历史教育理念在实践中获得了巨大的成功，这并非一朝一夕就能形成。在将近三十年的教学中，我的历史教育理念也经历了萌芽、发展、成熟的过程，经过不断改进才最终形成。

在专业发展初期，我还是一名普通历史任课教师，更多时候都是学习其他优秀的教学经验丰富的教师，观摩他们的上课方式、方法和风格，对如何导入、如何过渡、如何突出重难点等细节处加以观察学习。由于我的认真敬业，我很快就胜任了教师的工作，所带的班级屡次在全县的考试中名列前茅，这也让我坚定了在教育这条路上走下去的信心，坚定了我对待工作兢兢业业的态度。在教学中，我发现历史课堂的互动性越来越弱，课堂变成了教师的“独角戏”，学生成了没有思考能力的“工具人”，教学目标变成了“贝多芬”（背多分），所以我开始逐渐认识到一个活泼灵动、充满思辨思维的历史课堂是多么重要。以问题为主线的“中学历史问题探讨”教育理念开始在我脑海中萌芽。

由于出色的教学成果，我受到当时历史教研员的赏识，教研员认为我是一个值得培养的好苗子，就开始推荐我参加各种教师培训以及复习资料的编写工作。我牢牢把握住机会，在原有的专业成果上更上一层楼。我非常热爱阅读，阅读范围非常广泛，参加工作后，阅读选择则更偏向于与专业相关的书籍。读得多了,感悟就多了,于是我开始尝试主动写文章。目前为止,我在《中学历史教学参考》《中学历史教学研究》等期刊杂志上已经发表了数十篇文章。教学经验的逐渐丰富让我进一步完善了自己的理念。随着新课改的深入,我的"中学历史问题探讨"教育理念也逐渐发展。新课改下的教学观要求教学要从"教育者为中心"转向"学习者为中心",这与我的教育理念内涵是一致的。于是,我开始在课堂上实践这一理论,并在不断的课堂实践中逐步完善。

成为苏州市兼职教研员后,我开始有机会跳出自己原有的区域,经常能够聆听各类讲座,能够接触苏州市外的教研员以及各大学的专家教授。通过与这些专家教授们的交流,我夯实了自身理论素养,同时也提升了"中学历史问题探讨"教育理念的理论层次。至此,"中学历史问题探讨"教育理念开始走向成熟。

"实、思、活、用"的教学风格也是如此。这一教学风格是根据"中学历史问题探讨"教育理念而形成的。秉持着这一理念,我的课堂充满师生间、生生间关于问题的讨论,互动频繁,总是充满活力。当然,既然是根据"中学历史问题探讨"理念形成的教学风格,而"中学历史问题探讨"理念随着时间的推移而不断改进,教学风格自然也有所改变。"实",我早期认为是实实在在,引导学生阐释教材结构间的关系,帮助学生形成比较完整的知识体系;如今在"实实在在"的基础上添加了"扎实"的含义,意在加强教学基本功,并且与时俱进,积极了解史学的最新研究成果。"思",我早期认为是思考探索,引导学生发现问题、分析问题、解决问题;《普通高中历史课程标准(2017 年版)》发布后,以五大核心素养取代了传统的三维目标,我结合最新的历史学科核心素养要求,认为也要培养学生学会思辨,提升其历史批判性思维能力。"活"指形式活泼,师生、生生间互动,营造课堂活跃氛围,推动学生去思考探究,现在将其概括为"学生主动、师生互动、课堂灵动"。"用",在强调"学以致用"的基础上,更强调"古为今用""以史为鉴",强调历史为现实服务。

从普通教师到苏州市历史学科带头人、特级教师、正高级教师,我的专业发展无疑是成功的。历史教育理念的不断更新，离不开不断向前迈进的专业成长，专业成长中产生的新观点如同细流一般，不断加入原有的“中学历史问题探讨”教育理念这条河流之中，为其补充新活力。

第四章
成长之路的感悟

不同名师的成长，有其特殊性也有其普遍性。从成为一名普通中学教师，到逐渐成长为中学历史教育正高级教师，我在刚成为教师时没有感到畏惧，在成为优秀教师后也没有懈怠工作，常年辛勤耕耘在中学历史教学的一线，从实践中探寻提升专业发展的途径，也注重从理论的学习和研究中提升教书育人的能力。在近三十年的教育生涯中，我真正贯彻了以人为本的教育理念。对学生，我关爱每一位孩子的成长，常常以校为家，帮助学生在学习和生活中排忧解难。对教师，我提携爱护青年教师，为他们专业能力的提升提供指导，为他们的“比武练功”搭建平台。榜样的力量是无穷的，希望我的名师成长道路能够为新教师的成长带来一些思考与启示。

第一节 坚守初心，保持对教育的热情

每一位名师的成长都遵循一般教师专业发展的普遍规律，名师也是从一名新手型教师成长而来的。实现从新手型教师向成熟型教师的转变只有途径，没有捷径。我的专业成长也是如此。我认为，教师成长的关键就是要坚守初心，保持教育热情。这一品质值得刚走上工作岗位不久的青年教师以及工作经验丰富的成熟型教师共同学习。对青年教师来说，他们正处于入职适应期阶段，脑中有教学知识，心中怀有教育热情，却无教学经验。从学到教的转变，就是从接受者向传授者的转变，是教学知识向教学能力的转变，也是由“理论”向“实践”的转变。曾经，我主动适应，积极转变，因此顺利地度过了这一时期。还有部分成熟型教师，在积累了多年的教学经验后，就不再进行系统学习、进行知识更新，导致知识结构陈旧，或是已经消磨了教育热情，于是放弃了专业发展。无论处于哪一阶段的教师，都可以从我的成长中获得启示，从而坚守初心，保持教育热情。如何才能做到坚守教育初心，保持教育热情呢？结合本人的专业成长过程，我认为需要做到以下两点：一是兢兢业业，脚踏实地；二是不断进修，积极教研。

一、兢兢业业，脚踏实地

我大学毕业后，被分配到远离市区的吴县湘城中学，生活条件艰苦，学校办学设备简陋，但我还是选择吃住在学校。这样一来，我可以全身心扑在工作上。与学生相处的时间多了，自然对每位学生的学习情况有所了解，所以在教学时能够因材施教、有的放矢。同时，在入职初期，走上真正的教学岗位之后，我在备课、管理学生等各方面虚心向老教师学习，脚踏实地，不放过任何细节，从各方面提升了自己的教学能力。

在成为教育管理者后，甚至在被评为“苏州名校长”后，即使各种

行政任务繁忙,我也没有停下专业发展的脚步,仍旧坚持“带班上课”,认真对待备课,保持对历史教学的敏感度,踏踏实实工作,教育热情并没有随着时间的流逝或是事业上的成功而消失。

这启示新教师,在入职适应期有不适,无法快速接受从学生到教师、从理论到实践的转变是正常的,但必须坚持适应这种变化,一段时间后便会逐渐适应教师的工作。在这一时期,也一定要积极向前辈教师学习,他们经验丰富,非常熟悉新教师的心理,往往能给自己职业生涯的开端注入来自过来人的力量。在教学经验日渐丰富后或不可停止学习,丧失教育热情,比如不再兢兢业业地备课或不再主动了解学生的掌握程度等。无论处于教师专业发展的哪一阶段,都要坚定教育信念,脚踏实地。

二、不断进修,积极教研

现代社会信息渠道多样,科技发展迅速,历史学科的新发现、新成果层出不穷。在这种形势下,历史老师如果不主动学习,就会面临自身知识老化的问题。在专业成长过程中,我一直牢牢把握进修机会,致力于提升自身教学能力。在自身教育上,我因为出色的教学成绩而获得推荐,进入苏州大学研究生课程班深造;在自身专业发展上,我参加了江苏省教育行政干部培训中心举办的省初中骨干校长高研班学习和江苏省中小学教学研究室举办的义务教育课程标准省级培训,在东北师范大学理想信息技术研究院进修了教育信息技术应用的相关内容等。在进修之外,我还积极开展教研,在《中学历史教学》《中学历史教学参考》等历史教育的前沿期刊上经常发表文章。

《国务院关于基础教育改革与发展的决定》指出,“建设一支高素质的教师队伍,是扎实推进素质教育的关键”①。尤其是在科技日新月异的今天,学生学习知识的来源非常广阔,很多学生已经拥有了一定知识背景,如果教师停留在自身仅有的知识层面上,那是无法教育

① 中华人民共和国中央人民政府:《国务院关于基础教育改革与发展的决定》,http://www.gov.cn/gongbao /content/2001/content_60920.htm。

好学生的。

这启示青年教师，走上工作岗位之后也需要不断汲取知识、更新知识，树立终身学习的思想，“活到老，学到老”，积极参加教师进修活动，提高自身教育教学水平。教师需要争取进修机会，积极参加各种类型的继续教育培训，并且要把握机会，学习先进的教育理念和教学方法，促进自身专业发展。尤其是历史这门学科，历史教师更需要有广泛的阅读基础，才能从历史中吸取古人的智慧经验，以现实问题为联结点，解决当今的问题。同时，教师也要紧跟时代要求，培养学生的历史学科核心素养，促使其积极践行社会主义核心价值观，形成正确的世界观、人生观、价值观，真正成为一名“育人”的新时代教师，真正从教学走向教育。

第二节　精益求精，主动学习新型教育观点

近年来，历史教育越来越重视历史核心素养的培养。历史学习效能和核心素养发展，直接影响着课程改革的品质和教育质量的高低①。我关注教育理论新发展，了解到 PISA 测试、TALIS 调查和 PIRLS 评比等国际先进的评价理念，主动学习，在对学生进行评价时主动应用 PISA 评价的“测评点”，契合了历史学科核心素养的要求。

我的“中学历史问题探讨”教育理念以“问题”为中心，对“问题”的提出有一定要求。因此，我对提问的要求进行了深刻的思考与研究，写成了《用 PTA 量表培养学生的提出问题能力——以历史问题式教学设计示意为例》②一文，将 PTA 量表与提问艺术相结合，创新了提问评价方式，为提问的科学性提供理论指导。同时，我的“中学历史问题探讨”教育理念虽然强调要建设“开放性的课堂”，但并不能

① 仲尧明：《高中生学习效能与学科素养培育之评价构想——以国际 PISA 评价理论的测量点为例》，《中学历史教学参考》，2017 年第 7 期。

② 仲尧明：《用 PTA 量表培养学生的提出问题能力——以历史问题式教学设计示意为例》，《中学历史教学参考》，2020 年第 11 期。

从课堂教学的根本上进行开放创新。我不断进行研究，依据生态学理念分析研究开放性历史教学，并且阐释如何建构开放性历史课堂。在《生态学视角下历史开放性教学的课堂研究》[①]一文中，我论述了生态型开放教学的特征、生态型历史课堂的开放性教学模型，并且针对新授课、复习课、习题课等不同课型来讨论具体的开放性策略、原则等，透彻地阐释了生态型历史开放性教学。从我的经验中，我们可以得到以下这些启示：

一、重视跨学科学习，努力向综合型教师转变

过去的学科划分过于细致，导致一些知识被人为割裂，学生在学习时获得的也仅是知识碎片。当今是知识爆炸的时代，科技发展迅速，单一的学科知识无法满足社会生存需要，所以跨学科教学开始兴起。跨学科教学可以打破学科的界限，重新整合、建构课程概念，有利于充实原有课程的知识结构，为教师提供创新的契机。历史课程也是如此。历史与地理、政治等学科密不可分，青年教师可以有意培养自己跨学科学习的意识，主动学习跨学科内容，培养多元思维，把与历史密切相关的学科与历史相融合，拓展历史学习的边界，做到看待历史问题的视角更加多元，向成为一名综合型教师努力。

二、培养阅读习惯，践行终身学习理念

终身学习是《中小学教师职业道德规范》的基本要求，也是新时代教师必须具备的品质。教育是一种培养人的活动，教师总是充当着引领者的角色，如果要具备能够一直引领学生的素质，就必须不断学习，养成终身学习的习惯。而践行终身学习理念最直接有效的方式便是阅读，对于历史学科来说尤其如此。历史学强调论从史出，历史学的发展也依赖于文献资料和考古发现。随着考古技术的进步，越来越多的历史遗迹展现在世人眼中，随着史料的不断更新与丰富，

① 仲尧明：《生态学视角下历史开放性教学的课堂研究》，《历史教学（上半月刊）》，2017年第5期。

许多既有结论可能改变或被推翻，如果不阅读，就无法了解史学最新研究成果，自身的历史知识结构就会逐渐被时代淘汰，也就无法做好“传道、授业、解惑”的工作。所以青年教师需要紧跟时事，关注教育领域的最新发展，努力学习新概念、新知识，一切从学生出发，真正做到终身学习，做到不断拓宽知识面，主动学习新事物，保持开放的思维，提升教学能力，成为一名“学者型”教师。

第三节　以生为本，一切从学生发展出发

在我近三十年的教育生涯中，处处闪耀着对学生的关爱之光。入职初期，我就以校为家，以便辅导学生。在交通、通信尚不发达的时代，每周末，我便会骑自行车进行家访，询问家长学生在家的学习情况，并提出建议与要求。可以说，我对每一位同学的学习情况、家庭情况都了如指掌。这些学生在生活、学习上遇到问题时，我都会给予无私的帮助。在具体工作中我以身作则，以自己的言行影响学生。自我原先工作的苏州市高新区第一中学承办内地新疆班以来，我就一直承担新疆班的历史教学任务，教学成果深受学生好评。新疆班的孩子在第一年需要上预备班、过渡课，高中要读四年。由于部分风俗习惯存在差异，对教学管理也就提出了更多的要求。当有学生生病时，我都会去看望；学生遇到问题时，会找我聊天，在我面前他们可以畅所欲言。有一次，学生生病入院急需做手术，但父母远在新疆，路途遥远，为了不错过手术的最佳时机，我毅然在手术单上签字，手术成功了，同时我也赢得了学生父母的感激和尊重。[①] 在新疆班的学生眼里，我把学生当成自己的孩子般呵护，他们也亲切地称我为“仲爸爸”。

我的例子启示我们，关爱学生是教师的天职，没有爱的教育是失败的。作为青年教师，最基本的便是要做到关爱学生，这也是师德的

① 庞砚清：《仲尧明：点燃师生心中的光荣与梦想》，《华人时刊（校长）》，2017 年第 Z1 期。

灵魂。以生为本,我们需要做到以下两点。

一、了解学生需要,倾听学生想法

中学生正处于世界观、人生观、价值观形成的关键时期,也处于心理变化波动频繁的时期,性格比较敏感,容易出现心理问题。这就要求教师主动关心学生,关注学生心理健康,了解学生需要,尊重学生,平等公正地对待学生,适时与学生沟通交流,耐心倾听他们的想法。一方面,教师在平时可以有意识地阅读教育心理学方面的书籍,学习中学生心理相关的知识,学会疏导学生心理;另一方面,教师可以向有经验的班主任、德育主任请教对学生进行德育的方法,不仅关心其知识的掌握与能力的提升,还关心学生的心理健康问题,真正做到促进学生人格和身心的全面健康发展。

二、学会赞赏学生,给予正面肯定

作为教师,在教学过程中会遇到性格迥异的学生,他们各具特点,面对这些学生,我们要有一双善于发现优点的眼睛,学会真诚地赞美,让学生感受到老师对自己的期许。罗森塔尔效应认为,人的情感和观念会不同程度地受到别人下意识的影响,简单来说,就是期望什么便会得到什么。学会适度赞赏,会给教学带来意想不到的效果。当然,赏识教育需要适度,并且需要充分考虑学生的个性,不搞形式主义。教师给予学生肯定与鼓励会给学生带来巨大的前进动力,这是人文关怀在教学中的体现,能够增强学生的自信心。

下编 教育

第五章 我的教育与科研

第一节　我的历史课管见

历史学科核心素养和学习效能的评价构想[①]
——以国际 PISA 评价理论的测量点为例

学生历史学习效能和核心素养发展，直接决定当今课程改革的品质和教育质量的高低。在历史教育中如何评价学生的学习效能和核心素养呢？应从哪些维度和要点去评价呢？这些在国内外均属于极具挑战性而又十分前卫的研究课题。因而，系统研究国际教育测量理论及发达国家中小学评价指标，提炼出可用于促进我国历史学科核心素养发展的评价体系，尤其是提炼出科学的、前瞻的、具有可测性和可操作性的评价点，有着重大的教育现实价值。

PISA 评价、TALIS 调查和 PIRLS 评比蕴含国际先进的教育测量理论。这些评价方式构建了多元的测评维度，分别对不同年龄段学生的知识筹备、信息提取、阅读理解、数学思维、科学素养和全球化能力进行评估。评量学生的发展指标涵盖了学生的学业成就、乐学程度、行为表现程度、健康生活方式程度、是否掌握适应未来工作的

①　本文系江苏省教育科学“十二五”规划重点课题“历史课程动态生成性资源的捕捉与利用研究”（项目批准号：B—b/2015/02/109・重点自筹）的研究成果。

能力和学会保障经济无忧技能等方面，以及学生在精神、道德、社交和文化等方面的发展程度。本文借助这些评价维度及发展指标的启示，试图架构高中学生历史学习效能及核心素养的评价要素，为深入推动我国学科核心素养评价发展提供借鉴。

一、历史学科素养评价指标的构想背景

历史学科核心素养的实质是教学三维目标的提炼和整合，是把知识技能和过程方法提炼为能力，把情感态度价值观提炼为品格，从而浸润出适应学生终身发展需要的必备品格和关键能力。历史学科核心素养的落实是三维目标的有机统一，“历史素养是通过日常教化和自我积累而获得的历史知识、能力、意识以及情感价值观的有机构成与综合反映所表现出来的，是能够从历史和历史学的角度发现问题、思考问题及解决问题的富有个性的心理品质”①。如何把历史知识转化为核心素养呢？历史学科知识是学生发展核心素养的载体，对历史知识进行机械记忆和简单运用是形成不了核心素养的。历史学科知识只有通过学生的思维再加工，以及在此基础上的吸收、内化、升华，才能沉淀为核心素养。这意味着历史教学的“过程和方法”在核心素养培育中起着重要作用。所以，探讨历史学科核心素养的评价，既要聚焦教学的“过程与方法”，关注历史学科活动，还要借鉴世界教育评价改革的发展趋势。

中国学生核心素养的图谱，以科学性、时代性和民族性为基本原则，以培养“全面发展的人”为核心，分为文化基础、自主发展、社会参与 3 个方面，综合表现为人文底蕴、科学精神、学会学习、健康生活、责任担当、实践创新 6 大素养，具体细化为理性思维、批判质疑等 18 个基本要点。根据核心素养的总体框架，结合学生的年龄特点，各门课程可以进一步提出各学段的具体表现。高中历史教学如何勾勒出学生的核心素养呢？结合历史学科的性质及特点，笔者解释的历史学科核心素养如下。

---

① 吴伟：《历史学科能力与历史素养》，《历史教学》，2012 年第 11 期。

历史学科的“人文底蕴”包括人文积淀、人文情怀和审美情趣。人文积淀是指学生能够厘清重要的历史人物、历史事件、历史现象和历史发展之间的基本脉络，在获取历史信息的多种途径中，能拥有对历史事实进行分析、综合、比较、归纳、概括等的认识方法以及解决问题的实践方法。人文情怀是指学生能深入理解历史上以人为本、善待生命、关注人类命运的精神，具有以人为本的意识，形成尊重、维护人的尊严和价值以及关切人的生存、发展和幸福的价值观念。审美情趣是指学生能够通过学科活动，体验历史上的艺术情境，依靠自身的艺术知识与技能，具有欣赏、评价艺术美的基本能力，能尊重历史上文化艺术的多样性，拓展历史学科的艺术表达和创意表现的兴趣，并努力追求真善美的人生境界。

历史学科的“科学精神”包含理性思维、批判质疑和勇于探究。理性思维是指学生能知道史料是认识历史的桥梁，掌握搜集史料的途径与方法，理解基本的历史学科原理和方法，判断史料的真伪和价值，学会从史料中提取有效信息，作为重构历史的可靠证据，并在此过程中体会实证精神。批判质疑是指学生具有发现问题的意识，能独立思考各种历史叙述的含义，判断历史叙述与历史事实之间的差异，能多角度、辩证地分析、建构自己的历史叙述。勇于探究是指学生具有还原历史的好奇心，能从历史细节中学会发挥想象力的作用，对历史事物之间的因果关系有坚持不懈的探索精神，并据此提出自己的历史认识。

历史学科的“学会学习”蕴含乐学善学、勤于反思和信息意识。乐学善学是指学生在历史学习过程中具有积极的学习态度，通过历史学习的浓厚兴趣，能掌握适合自身特点的历史唯物主义观点和方法，分析历史问题时，能做到论从史出、史论结合，具有终身学习的意识和能力。勤于反思是指学生知道总结历史学习的经验，能根据不同的情境和自身实际，善于及时调整历史学习的策略和方法。信息意识是指学生在历史知识的建构过程中具有基本的数字化生存能力，能自觉、有效地使用信息技术来辅助历史学习。

历史学科的“健康生活”，包括珍爱生命、健全人格和自我管理。

珍爱生命是指学生能理解历史上相关人物的生命意义，能内化杰出历史人物的人生价值，在叙述史事时能够表现出恰当的生存发展观念。健全人格是指学生评价历史事件和历史人物时具有积极的心理品质，能坚韧乐观地对待学习困难和人生困境，并能调节好自己的情绪。自我管理是指学生能正确认识自我的能力，合理评估出自己的学习目标，并科学地分配和使用时间与精力，达到最佳的学习效果。

历史学科的"责任担当"涵盖社会责任、国家认同和国际理解。社会责任是指学生在论述历史事件、历史人物和历史现象时，具有团结合作的精神，能有理有据地表达崇尚自由平等、维护公平正义、热爱自然的看法，学会体悟历史上的诚信友善、宽和待人的价值。国家认同是指学生通过历史学习，热爱和继承中华民族的优秀文化传统，弘扬和培育民族精神，能自觉捍卫国家主权、尊严和利益，传播弘扬中华优秀传统文化和社会主义先进文化，激发对祖国历史与文化的自豪感。国际理解是指学生具有全球意识和开放的心态，认识人类社会发展的统一性和多样性，尊重世界各地区、各国、各民族的文化传统，进一步关注人类面临的全球性挑战，理解人类命运共同体的内涵与价值。

历史学科的"实践创新"包括劳动意识、问题解决和技术运用。劳动意识是指学生能积极参加历史学科活动，在历史学习和劳作实践中，具备动手操作能力，掌握一定的实践技能，积极主动地参加社会公益活动。问题解决是指学生善于提出各种有思维价值的历史问题，有解决问题的热情，依据特定的学习情境和具体条件，会制定合理的问题解决方案，具有解决问题的行动能力。技术运用是指学生通过工程性思维，能理解技术手段与人类文明发展的有机联系，能将历史学习认识转化为有形的思维产品。

了解历史学科素养的基本要点，有助于我们关注历史教育质量、科学评价学生学习效能和核心素养。如何有效地评估历史教育质量，制定既科学前瞻又具有可操作性的核心素养的评估指标，是现今我国一线历史教学面临的瓶颈。也就是说，要有效地评估历史学科核心素养，最难之处是如何在评价体系中设计起关键作用的测量点。

测量点的全面与否及其质量的高低，直接决定了评价指标体系质量的整体高低。

二、从 PISA 评价到历史学科素养的评价启发

PISA 评价、TALIS 调查和 PIRLS 评比等国际先进的评价理念，特别是 PISA 评价的“测评点”，对于我们设计历史学科核心素养的评价具有独特的参考价值及深刻的启迪意义。PISA 评价是经济合作与发展组织（OECD）成员国的合作项目，主要用于评价 15 岁学生在义务教育将近结束阶段的知识、技能和能力。PISA 评价始于 2000 年，以纸笔方式考查学生的阅读、数学和科学素养。PISA 是循环式的评价，为我们提供了 15 岁学生知识与技能的基本图景，提供了学生表现及其影响因素的关系。PISA 评价的显著特征是立足跨课程综合能力，除阅读、数学和科学素养外，PISA 也重视对综合问题的解决能力进行测量。这种跨课程能力被定义为：学生运用认知过程来面对和解决真实的、跨学科情境的问题的能力。但问题的解决路径不是显而易见的，需要运用的核心素养（或课程知识）也不只是在数学、科学、阅读等单一学科范围之内，会涉及历史等多学科领域。

历史学科核心素养重视实践创新中的问题解决能力，而 PISA 评价也同样关注问题解决能力。PISA 评价的问题解决能力的高低用 4 个水平来衡量，从高到低分别是“反思的、交流的问题解决者（水平 4）”“推理的、决策的问题解决者（水平 3）”“基本的问题解决者（水平 2）”和“弱的或初级的问题解决者（水平 1）”。水平 4 的问题解决者，能分析情境并作出决策，会考虑问题中存在的关系，善于把这些关系与问题解决相联系，能用准确的书面语言陈述或与他人交流自己的解决方案，可以在解决方案和给定条件之间来回思考，处理相互联系的条件。水平 3 的问题解决者，能运用推理和分析获得需要的策略与技能。这些学生能运用归纳和演绎、原因和结果的推理，进行各种组合来分析问题。他们还能组合不同形式的表达（如语言、数字和图表的表达等），作出基于两个或多个信息资源的推理。水平 2 的问题解决者，一般都能够解决单一的、不连续的、有良好界定信息的问题。

这类学生能够转换问题中的信息，并用不同的方式来表达问题，如从表格中获得信息来画草图或图形，能够运用信息来检查问题中界定良好的条件。水平 1 的问题解决者，通常连最容易的题项也不明白，或不能应用必要的过程来描述问题的重要特征。此类学生在大多数情况下，可以解决简单的问题，这类问题只需要他们基于事实来回答，不需要推理或只需要运用少量推理。借鉴 PISA 评价的问题解决能力的分层测量，历史学科的问题解决能力的评价设计可以从 3 个维度、15 个要点等方面考量，具体的内容可以参阅表 5-1。

表 5-1　历史学科问题解决能力素养的评价项目

<table>
<tr><th>维度</th><th>要点</th><th>对应的各项能力的表现</th><th>分值</th></tr>
<tr><td rowspan="5">面对问题的态度</td><td>1. 能先评估问题，提取史料的有效信息，动手解决问题</td><td rowspan="5">[正向态度]
A. 对疑难能保持正向、积极的心态
B. 养成一种先行审题、分解、规划的习惯
[了解问题]
A. 根据历史问题的情境，能确定问题的意义
B. 能洞察问题各层次结构，并从结构中发现解决问题的关键
C. 能准确评估可运用的有效信息和受到的限制条件</td><td>5</td></tr>
<tr><td>2. 接纳问题，认真解读史料，初步分解问题</td><td>4</td></tr>
<tr><td>3. 承接问题，合理感知史料后，能勇于理解问题的背景</td><td>3</td></tr>
<tr><td>4. 参与解决问题，不去努力化解问题</td><td>2</td></tr>
<tr><td>5. 没有参与解决问题的意愿，但尚能敷衍式地审题</td><td>1</td></tr>
<tr><td rowspan="5">处理问题的方式</td><td>1. 合理地、有效地、协调地表述自己的历史见解</td><td rowspan="5">[执行实现]
A. 具有动手实做来处理问题的习惯
B. 随机处理预料之外的问题变化，使问题解答有序推进
C. 对所获得的史料信息，能统合整理出历史结论，并作出合理的评价</td><td>5</td></tr>
<tr><td>2. 了解问题并能掌握问题的目标，合理地解释历史</td><td>4</td></tr>
<tr><td>3. 与人或有效信息合作，有效地完成自己应该解答的问题</td><td>3</td></tr>
<tr><td>4. 能接受分派到的问题，部分完成</td><td>2</td></tr>
<tr><td>5. 随机反应、盲目尝试，不计后果</td><td>1</td></tr>
</table>

续表

维度	要点	对应的各项能力的表现	分值
问题解决的品质	1. 创造性地回答，获得可信的、优良的历史感悟	[批判创造] A. 借助推论和想象来开拓历史问题的发展空间 B. 拟定多种解题策略，能意识到处理问题的不足之处和可以改进的地方 C. 体会处理问题的经验，做出合理的方法调节，并应用于解决其他问题	5
	2. 切实有效地回答，获得可信的历史认识		4
	3. 能依指示回答，所得见解符合一般常识		3
	4. 所依据资料勉强可信，所得见解尚可交差		2
	5. 处理问题的答案零乱、有遗漏		1

从表 5-1 可见，历史学科问题解决能力的评价，一是要关注解决问题的过程与方法，试题要鼓励学生运用已有的知识与方法对历史问题进行探索，并能选择合适的史料证据对问题进行论证，对历史的新结论也能作出合理的评价。二是要关注问题结果的表达与呈现，试题设问要符合学生合理书面表达的习惯，要鼓励学生使用合乎逻辑的史料证据来表达自己的解释，学生能用符合自身实际的学科语言来表达、引申、评论历史感悟。

历史学科的核心素养提倡科学精神，PISA 评价也涉及科学素养的测量。PISA 评价在这一领域的测量点："①交互式地利用工具的能力，包括利用语言、符号和文本，利用知识、信息和技术等；②与不同类型的群体相互作用的能力，包括与他人建立良好的关系、合作、处理和解决冲突；③自主行动的能力，包括在宏观的构想中行动，建构和制订生活计划和个人设计，保护和声张权利、兴趣、不足及需要等。"PISA 评价对于科学素养的测量分层，可以启示我们设计历史学科"科学精神"的评价量规，具体内容见表 5-2。

表 5-2　历史学科科学精神的测量评价要点

维度	要点	对应能力	分值
理性思维	解释：对历史事物进行理性分析和客观评判的能力	理解历史叙述与历史事实的差异，在理解史事多种联系的基础上，多层次、多角度地陈述自己的历史结论	4

续表

维度	要点	对应能力	分值
理性思维	实证：通过严格的检验获取可信史料，并据此重现历史真实	能够从试题史料中提取有效信息，作为重构历史陈述的可靠证据，并据此提出自己的历史认识	3
	分析：比较不同的历史叙述或评论，说出产生歧义的缘由	能够区分历史叙述中的史实与解释，对试题材料中的历史结论加以分析	2
	时序：辨识历史叙述中不同的时间与空间表达方式	能够利用历史年表、历史地图等方式对相关史事加以描述，理解空间和环境因素对认识历史的重要性	1
勇于探究	想象：以深邃、辩证、发展的眼光加以看待和评判问题	依据可靠史料设身处地认识史事，对历史问题形成合理的想象，更好地感悟历史上的各种事物	4
	质疑：学会从历史表象中发现问题，批判史实间的因果关系	在尽可能占有问题有效信息的基础上，验证试题中的假说，并努力提出多元性的历史解释	3
	好奇：感悟史事的实际境况，以探索的态度对待历史	理解某一历史问题所涉及的多种联系，以及试题不同有效信息之间的联系，并对这种联系形成一定的理解，体现在自己的历史解答中	2
	观察：辨别历史事实与历史解释，对个别或系列史事提出自己的发现	选择、组织和运用试题中的相关材料，并运用相关历史术语，在历史解答中能将史实陈述与观念解释结合起来	1

此外，PISA 评价明确地把科学态度作为测量的重要组成部分，强调把兴趣、动机等非认知因素纳入测评框架。这些要素的评价尝试适应了学生终身发展的需要，也是适应教育国际化的发展趋势，增强国际竞争力的必然结果。

PISA 评价的又一维度是关注信息与交流技术测量（ICT，Information and Communication Technology）。因为 ICT 正快速地改变着人们的工作、学习和生活的方式，ICT 素养也就被定义为：“个人对适当地应用数字技术和交流工具来访问、管理、整合和评价信息，构建新的知识，与其他人交流，以便有效地参与社会活动的兴趣、态度和能力。”[①]在 PISA 评价中，ICT 素养评价仅限于学生对计算机

① 赖小琴：《PISA 评价的发展趋势及启示》，《教育测量与评价（理论版）》，2008 年第 2 期。

的兴趣、运用计算机的态度和自我评价的能力等，没有充分测量学生的计算机知识与技能。今后，PISA 评价将计划建立 ICT 素养评价的框架，并对把 ICT 素养评价作为主要内容的可行性进行调查、分析和尝试性评价。历史学科素养也提出“信息意识”“技术运用”等内容，如何在评价中渗透这些要素呢？笔者认为历史学科核心素养的评价，从方式上来说，应该越来越重视利用计算机进行测试。由于纸笔测试具有较多的局限性，如费时多、统计难度大、评价范围有限、评价效率低等，提供用计算机进行测试的选择将是明智之举。测量理论的先进经验表明，某些不能通过纸笔测试来评价的核心素养，可以通过计算机来深入实现，如计算机可以直接评价学生设计历史实验、建立历史假说和验证历史结论等能力。利用计算机进行历史学科核心素养的评价，可以测量学生行为动作表现，如学生在某试题上花费的实际时间、做题的顺序、重新访问该题的次数等。ICT 素养的介入有利于建立核心素养评价框架，也有利于解释学生分数。

PISA 评价的另一维度是关注学习参与度。随着对学习参与度一词的运用越来越多，PISA 评价的参与度内涵也越来越广，既包含了动机、态度、兴趣、喜爱、焦虑，还囊括了责任承担、参与相关学科活动的频度等，有时也称之为“态度和参与度”。PISA 评价的学习参与度评价与我国历史课标的“情感、态度与价值观”有不少共通之处。但 PISA 评价涉及的价值观，只是对于学科本身的重要性和价值判断，除了科学态度中“对环境和资源的责任感”，基本上不涉及道德层面。除此之外，PISA 学习参与度的评价与我国核心素养的“责任担当”“健康生活”“学会学习”在范围上有很多基本一致的内容。因此，研究 PISA 评价的学习参与度，能为细化历史学科核心素养评价指标提供一些参考。

PISA 评价的学习参与度测量点，一般分为学校参与、学业参与、学科参与等 3 个领域。这样的评价维度和相关的评价指标，可以启发我们从学业参与、学科参与和全球化能力等 3 个方面去理清历史学习态度的评价要点。历史学科的学业参与度是指学生对学习具有的一般情感,以及他们对社会公益活动的参与程度。而学科参与度则是指学生投入史料收集与辨析、历史理解与阐释、历史探究与发现等具体活动中的学习思维活跃程度。不同领域的学习参与度评价要点可以不同,既可涵盖对特定历史议题的兴趣、对历史学习的喜爱程度,也可涉及对历史探究的支持、对社会发展的责任感等项目。全球化能力是指学生在多元化大背景下的适应能力以及多元文化意识,评价要点包括用全球视角批判性地分析历史问题、理解全球化差异如何影响历史判断和想法、尊重不同历史背景下人类的尊严,也可以延伸到对全球化的公平、凝聚力和可持续性的思考等方面。

近年来,PISA 的评价维度、相关测量点、评价手段不断得到丰富,技术方法和主要内容也逐步呈现出多元化趋势。历史学科核心素养的评价指标构建,需要加强对 PISA 评价的信息收集,关注世界先进地区的历史教学方法,关注社会和家长对历史教育质量的看法,以提高历史教育质量评价的效率。

三、历史学科素养评价体系的构建原则

历史学科核心素养的评价方法,可以采用 PISA 评价中的事实描述、量表法、观点匹配法、嵌入式问题等多种形式进行,但仍需要遵循以下基本原则。

其一,追求体现终身学习的评价。在历史教学的传统评价中,我们过分强调学生对史实的机械复述和再现,对综合解决问题和终身学习能力的评价关注不够。所以,建立历史学科核心素养评价体系,不仅要测评本学科及跨学科的能力,还要通过嵌入性方式在开放性问题中考查学生的学习态度、参与度以及学习策略,这些正是学生适应以后社会生活所必须拥有的关键能力。PISA 评价的研究发现,机械性记忆可能会给学生带来较丰富的历史知识储备,但是,一味机械性记忆历史问题会导致学生表现出过多的学习焦虑,从而降低学生对历史的兴趣和喜爱,影响学生核心素养的发展。尽管机械性记忆学科知识可能会在短期内带来收益,但学生在学习动机和心理健康

上却会付出代价，对学生的终身学习有着不可预见的负面影响。因而，历史学科核心素养的评价导向，必须是有效减轻学生的超量记忆负担，转变只重机械性知识积累的观念，着眼于帮助学生获得管理自己学习的技能，培养学生对历史问题的探究兴趣，促使学生更加广泛地参与到社会活动中去，确保学生具有终身学习的动机和能力。

其二，建立多种维度体系的评价。过去的历史学科评价体系中，我们看重的是学生的学习成绩，因而，学习的重点大多是中考或高考试题的知识再现和简单复制。这种评价方式有违辩证唯物主义思想，历史教育首先要看到活生生的人，学科核心素养的评价（试题）要重视学生乐学的程度、学生学习进步的幅度、学生的行为表现程度，更要关注学生的健康生活程度、学生对学校和社区贡献的程度、学生是否掌握适应未来工作的能力和学会保障经济无忧的技能，甚至涉及学生在精神、道德和社交等方面发展的程度。这就需要历史学科核心素养评价建立多维度体系。较之单一维度，我们更需要让学生成为一个具有健康生活方式，能够掌握适应未来社会发展所需能力和技能的人。PISA 评价采用的测量点是多维度的，并非单一维度。评价测量点中服务国家、服务人民的社会责任感，主要体现在学生对社会的理解和接受程度上，体现在学生对学校和社区的奉献精神上。如果要建立影响学生表现的多因素、多侧面的评价模型，相关试题情境所诱导的学生表现就不能是孤立的，而是要激发学生学业成长的多个因素，包括学生本人、家庭、学校和学科系统等因素，各个因素对学生在试题中表现的影响力应该大小不一。因此，通过改善影响条件来促进评价（试题）的完善与发展，是研究学科核心素养评价多维性的主要方向。

其三，开发具体化的评价工具。在历史学科素养的评价模型中，最难的是如何将抽象概念转化为具体的、可测评的项目。PISA 评价曾经将问卷与简化的态度量表相结合，发展出了一套适合在大规模调查中使用的评价工具。它在工具设计上做了很多有价值的研究和探索。借鉴这些教育测量理论的经验，我们认为测量学生在精神、道德、社交等方面的发展是可以具体化的。例如，精神发展方面的主要测量点，是学生对社会生活的乐趣，学生是否乐于反思、自我探索、取长补短，学生是否在陈述历史见解时有想象力和创造性思维。道德发展方面的主要测量点，是学生是否能明辨是非，明白自己的行为或历史人物的行为可能造成的后果，对道德和种族问题是否感兴趣并通过历史感悟得出自己的见解。社交发展方面的主要测量点，是学生能否在不同场合（或不同试题情境）使用不同的社交技能（不同的表达方式，如语言的或符号的），能否平等正确对待拥有不同信仰、来自不同民族及不同社会经济地位家庭的个人（或史料），是否乐于交流，并能有效解决争端或问题情境中的矛盾。文化发展方面的主要测量点，是学生能否鉴赏历史传统文化及其影响力，是否乐于响应并参与历史问题解答，是否乐于探求、理解试题的历史文化差异，是否能理解、接受、包容、尊重不同国度、不同地域、不同社会经济地位的宗教信仰。

其四，关注尊重学生成长的评价。历史学科核心素养评价的设计，要体现对学生真正的尊重和关爱。一要重视学生的安全感。要询问学生是否觉得自己的历史见解被他人认真聆听；在遭遇不公时，是否懂得维护自身权益；解决问题时怎样寻求外界条件的帮助；当面对不同形式的生活或学习困难时，如何利用历史智慧去化解烦恼。二要重视学生的生活交往能力。学生和不同宗教信仰、不同种族、不同性别的人相处时，要学会平等尊重、包容彼此的差异；与不同社会经济地位、家庭背景的同学相处时，要能够放松，保持与学习同伴的关系融洽。三要平衡学习与生活的关系。要进一步关注学生养成守时的良好习惯，爱护公共设施、顾及他人的自律能力。四要协调学生发展与社会进步的关系。评价问题要了解学生个人持续发展的表现，通过问题情境给学生提供为学校、社区和社会做贡献的机会，鼓励学生为社会建设建言献策。尊重和爱护学生要在评价模型中转化为对其良好品格的培养和牵引。

建立历史学科核心素养评价体系时，不仅测量指标要有针对性，问题设问也要对具体事实进行描述、解释，而不是笼统地、抽象地提问。一些复杂性的评价问题要在正式测量前进行多次实验性测试，再选取信度、效度较高的问题(要目)用于正式测量，适度采取嵌入式问题的评价方式，加深考查学生对历史的兴趣和价值判断。

[本文发表于《中学历史教学参考》2017 年第 7 期，有改动]

历史体验式学科活动的设计路径研究

一、历史体验式学科活动的基本特征

对历史的理性认识源于感性认识，通过体验所获得的感性认识经过思维加工，更容易上升为理性认识。因此，思想品德、历史、地理等人文学科，通常会组织一些实践活动给学生体验，使其获得相应的感受。“体验”是一个融合知、情、意、行为一体的内化系统。“体验”在历史教育领域的价值，旨在唤醒、发掘与提升学生的潜能，促进学生的自主发展，着眼于促进学生认知、情感、态度与技能的和谐发展。

历史体验式学科活动来自哪里呢？主要来自两个领域：第一，历史基础型课程中的过程体验；第二，历史课外活动的拓展探究。前者的体验主要是辅助史实的认知。如讲授《北宋的政治》时，提供故事：公元 961 年，宋太祖在宫里举行宴会。酒过三巡，太祖感叹：“要不是有你们帮助，我也不会有现在这个地位。但是你们哪儿知道，做皇帝也有很大难处，还不如做个节度使自在。”石守信等人听了十分惊奇，太祖接着说：“皇帝这个位子，谁不眼红呀？”大家听出话音来了，感到大祸临头，跪在地上请太祖明示。宋太祖说：“我替你们着想，不如把兵权交出来，到地方上去做个闲官，买点田产房屋，给子孙留点家业，快快活活度个晚年，不是更好吗？”石守信等齐声谢主隆恩。第二天上朝，每人都递上一份奏章，说自己年老多病，请求辞职，太祖马上照准，赏给他们一大笔财物，打发他们到各地去。师生以故事情境为载体，用“问题”来假设和猜想：太祖“诉苦求助”之间流露了怎样的性情？（学生：含蓄、不伪装……）太祖“利益诱惑”之间显示了哪些人情？（学生：宽厚、关爱……）太祖反问“不是更好吗？”体现了怎样的智慧？（学生：软硬兼施……）生动的猜想和推理让学生体验到了太祖的权谋和人性。又如，讲到现代中国的政治制度时，可以组织学生采访地方人大代表、访问政协组织。

通过这些历史课堂的“猜想推理”或者实践活动来验证知识，加深对知识的理解，这就是由感性认识史实上升到理性认识史实而进行的“体验”。后者则更侧重于在活动中获取的身心感受，而非知识的简单习得。如各式各样的历史拓展课、探究课，其主旨不在于获取更多的历史知识，而是从中得到体验感受。又如参观历史博物馆，活动过程的主要目的并非是让学生学得某项技艺，也不是培养文物修缮专家，而是要获得一种美好的身心感受，其中“知道”的价值胜于“理解”“应用”。

依据历史学科活动的主题，我们可将“体验式”历史学习活动分为三种类型：

一是史料主题阅读类。这类活动以学生分组进行主题式阅读的形式来开展，突出历史课程标准中规定的学科核心内容，阅读的目的是拓展学生对核心历史概念、史事细节的理解，加深对学科结论的认识，感受史料收集、辨析、推导的方法，通过阅读一份相对权威的学术材料，直观地理解“史由证来，论从史出”等学科方法。阅读主题的确定，可以提供多种选择，尊重学生的选择权和阅读的自主权，或是学生感兴趣的，或是与时事相关的，或是历史教材核心内容的深化。

二是实物课程资源应用类。每一所学校的地域范围内，往往都有较为独特的历史文化载体，如著名的历史遗迹、遗址或博物馆等。运用这些充满现场感和历史气息的实物课程资源，能更直观地增强学生的学习体验。选择实物课程资源进行实践类历史学习活动时，教师要把活动的学习主题和活动过程设计好，让学科活动能真正吸引学生参与其中。这类学科活动要求历史老师提前进行踏访，规划好路线与时间，设计好参与性的环节和趣味性的细节，引导学生把“现场”与已有的历史学习经验联系起来。只有当学生真正按老师的设计投入“体验”过程中时，才能达到丰富学生的知识、拓展学生想象的目的。

三是评议社会时事的探讨类。这类活动的设计对师生更具有挑战性。现实是历史的延续，对时代热点问题进行冷静分析，是培养学生理性精神的重要载体，更是学生在历史学习中培养“时空观念”“史料实证”“历史解释”等素养外显化的有利时机。这类学科活动的主题可涉及国际关系、国家政治、经济建设、文化体育活动、日常生活等多个方面，只要学生有兴趣、有精力进行活动，教师就可以规划、设计和实施。活动的形式、呈现的成果可以是多种多样的。需要强调的是，成果的外显与学生学习方法的提升要建立起关联，如模拟人大课程、模拟法庭课程、模拟公司课程、模拟礼仪课程等。又如围绕“培育和弘扬社会主义核心价值观、弘扬中华传统美德”这一社会时代热点，设计的学科活动如下：刘备登上帝位后，欲发兵东吴以报关羽之仇，赵云劝阻道：“汉贼之仇，公也；兄弟之仇，私也。愿以天下为重。”刘备答道：“朕不为弟报仇，虽有万里江山，何足为贵？”学生认为刘备为了兄弟之义，废弃了国家大义，是不可取的。经过“争论”“模拟”“类推”“查阅”等活动，师生达成共识：刘备的“国家大义”，本质上是一种以“自己”为中心的小公和小义，仅限于自己的朋友圈或者兄弟圈，对圈外之人则可以无情无义，与国家、民族大义更是相差甚远。为了小团体利益而不惜损害社会利益，与文明进步是相违背的。

二、历史体验式学科活动的路径分析

基础教育的学科“实验”，是一种体验教育，如在物理、化学、生物等学科教学中，常会通过实验形式去验证已知理论。“体验”也存在于历史教育的各个方面。历史体验式学习关注学生的生活世界和独特需要，关注学生的能力形成。如何将历史学科“体验”活动如同“实验”一样设计出来，培育学生的素养呢？

（一）认知情境：激活“转智成识”

历史学科中已形成的基础知识常以客观真理的面目呈现在学生面前，要求学生记忆、理解与运用。这一呈现方式事实上很大程度地割断了抽象的书本知识与人的生活世界的联系，忽视了学生发现问题、解决问题、形成知识的复杂过程，强化了机械“记忆”。因此，历史体验式学习应将以符号为主要载体的结构化后的教材知识重新“激活”，实现教材知识与学生生活的沟通，使知识呈现出鲜活的生命状态。因此，设置与学生经验世界相联系的认知情境，激活“转智成识”，是历史体验式学习的重要途径。

历史知识与生活智慧相依相生。两者的关系是学生首先“转识成智”，把已有的历史知识转化为生活智慧，然后再“转智成识”，将生活智慧内化于自我的知识建构中。学生头脑中新的知识体系又将激活更高层次的生活智慧，从而推进学生不断自我完善、不断创造。这是一个良性循环往复的过程。这里“知识”的内涵发生了质的改变：前者包含较多的事实性知识、信息性知识，后者则包含更多程序性知识、策略性知识。

历史体验式学习的认知情境主要有问题化情境、任务化情境和生活化情境。问题化情境，即通过提问引导学生进入认知情境，激发学生的认知冲突，启发学生质疑探究，在思维的碰撞中诞生智慧。如在讲授《宋元文化和社会生活》时，教师设置问题情境：《窦娥冤》是谁的作品？《窦娥冤》最感动你的细节是什么？你同情窦娥吗？窦娥感动了“天地”，你觉得有可能吗？任务化情境，即体验式活动中教师引导学生在任务中激活思维、创造智慧。如在《宋元文化和社会生活》课程相关的活动中，教师让学生通过创作思维图来进行创造性表达。生活化情境，即引导学生把抽象的教材知识与生活世界相沟通、联系。如通过角色扮演的方式，让学生从自己的生活经验出发，创造性演绎历史发展。

（二）情感情境：实现情智交融

历史体验式学科活动，只有探求真理的过程还远远不够，还应该有陶冶情操的设计。通过情智共生，以情启智，以智生情，实现情感和智慧的交融共生，促进学生全面和谐发展。因此，教师在体验式学科活动中要适时创设情感情境，并善于利用情感的力量去激发学生的情感，使历史课堂成为师生生命相约、心灵相遇的场所，让学生情感尽情流露、个性自由飞扬、智慧自然生成。

司马迁的《史记》被评价为“史家之绝唱，无韵之《离骚》”。每一段史事都注入了作者的全部情感。因此，师生借助学科活动来学习《史记》时，也要调动自己与之相似的生活经验或情感经验去体验、理解作品。“以情激情”“以情动情”，体验式学科活动只有用饱满真挚的情感去感染学生，才能唤起学生的情感，以达到师生和作者的感情发生共鸣的境界。在此基础上，学生内在的情感激发智慧潜能，从而实现情智交融。例如，在“用人物的语言来揣摩古人的性情、品行”的体验活动中，注重加深阅读感受，唤起学生的生活经验，唤醒他们的智商、情商，使其对历史的感悟由语义到意蕴，由意蕴再到人性，逐层加深。将教材中原有的符号化的、逻辑的、抽象的内容进行处理，使其变得现实化、形象化，让学生体验历史人物的内心活动，与人物进行情感交流，最深切、最生动地经历人物的心路历程，从而活跃学生思维，促进情智交融共生。

如一节课的情感情境：陆贾跟刘邦说要读点书。刘邦骂：“乃公居马上而得之，安事《诗》《书》!”意思是说：“我马上得天下，读什么‘子曰诗云’呀!”英布造反，太子刘盈跃跃欲试，几次请旨要出征。刘邦自言自语：“竖子固不足遣，乃公自行耳!”意思是说：“你这小子，不能派你去，还是你爹我亲自去!”刘邦仓皇逃命时，楚军追兵紧迫，刘邦心急如焚，干脆把孩子推下车。夏侯婴赶紧捡了上来。刘邦说：“怎么办呀!”又把孩子推下去，夏侯婴又捡上来。反复了好几回，直到夏侯婴告诉他敌人追不上来了，这才算了。情感情境的分解：刘邦大骂陆贾，体现了怎样的人性？（学生：无赖、自负、轻儒生）高祖轻骂惠帝（儿子），体现了什么样的心情？（学生：关爱抑或藐视）高祖几次把儿女推下车，怎么去解释他的情感呢？（学生：一种是父亲为救孩子，急中生智把他们推下车，这是为了让他们走另一条路逃跑。另一种是因为他薄情寡义，自顾逃命）体验式活动设置的情感情境，通过

"情境解析"让学生主动了解刘邦的人性特点，一方面使历史教材中抽象的文字转变为形象可感的现实生活，有利于加深学生对历史的理解；另一方面，也使学生从字里行间体会到作者写史的实录精神、辩证视野与人文关怀，激起学生的情感共鸣，从而激发学生的智慧潜能。

（三）审美情境：达成家国情怀

中学阶段是学生想象力发展的关键时期，而历史学科本身就渗透着美，蕴藏着美，因此，教师应充分发挥历史学科的审美教育功能，创设审美情境，提高学生的审美感受力、审美鉴赏力、审美表现力和审美创造力，启迪学生的智慧，促进精彩观点的诞生。

历史体验式学习中的审美情境，应该因人、因事、因地制宜。创设审美情境首先要遵循审美体验的个体性原则，因势利导地帮助学生在美育中张扬审美个性。其次要借助音乐、绘画、诵读、表演等方式唤起学生的审美想象，使学生获得审美情感的熏陶和感染，释放天性、净化心灵。如在《宋元都市生活》教学中，通过指导学生观赏《追寻宋金时代的别样生活》的纪录片，引导学生进行历史场景的巧妙再造。通过影视艺术创设审美情境：开封人有哪些"摩登生活"？这样的城市生活，当时全世界的人为何只能感叹：开封人好幸福哦！让学生从有限的画面联想到无限的画外，从而激发学生的审美鉴赏力和审美想象力。《追寻宋金时代的别样生活》纪录片以声情并茂的描述，利用多媒体技术还原"过去"，加之音乐的烘托，使学生获得美的享受，增强学生的审美感受力和审美表现力。体验式审美情境中诞生的观点和价值感悟不仅来自学生，也可以包括教师。教师的精彩观点可以诱导学生迸发潜在的灵性；学生的精彩观点也可以促进教师自信而能动地挥洒智慧，两者相互补充、相互促进。

历史体验式学习活动的支架分为概念性、元认知、过程性和策略性四种类型。在历史教学中，这四种类型的支架往往难以区分，但也不必刻意区分。最终目的是使学生能够在"体验"中潜移默化地将知识内化为自身的思维习惯、思维品质，从而提高学生的创造性思维能力。

①概念支架示例

概念支架的主要功能在于帮助学生认识历史关键概念，形成明晰的概念组织结构，用以简化复杂的概念，建立历史知识之间的联系。其表现形式有解释、范例、概念图、提示和问题等多种类型。其中历史概念图对培养学生的创造性思维有很好的效果。历史概念图通常表现为一种空间网络结构图，显示概念之间的意义联系，并通过具体事例加以说明，从而把所有的基本概念有机联系在一起。概念图可以用来表达人们头脑中的概念、思想等，可以帮助学生将脑中的隐性知识显性化。例如《第二次世界大战》的教学，概念支架见图 5-1：

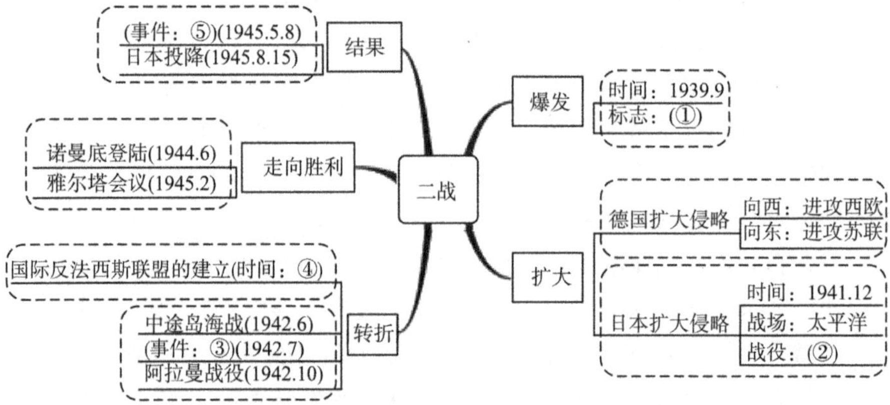

图 5-1 《第二次世界大战》的教学概念支架图

概念支架不是单纯线性的，而是一种非线性的网状知识结构。学生通过头脑风暴，协作交流，可以从中发现并建构新的联系，拓展思维。概念支架有利于培养学生的直观思维和形象思维，还可举一反三，促进历史知识的迁移，培养学生的发散性思维，提高学生的创造性思维能力。在现代信息技术支持的学习环境中，我们可以发挥相关教学软件的优势，绘制更加形象、直观而又富有逻辑的图表支架，为学生的创造性思维发展提供更优质的历史学习支撑。

②元认知支架示例

元认知是学生对历史学习活动的自我意识和自我监控。元认知支架的功能就在于支持学生回溯自己的思维过程、思维路径，用来检视自身的思维盲点或思维误区，引导学生进行反思。具有元认知特质的提问或追问，是体验式历史学习中比较常用和有效的支架。例如："关于西方崛起的观点，围绕材料中的一种或两种观点展开评论，请你就此写一篇400字左右的历史小论文。"学生在体验式学习活动中不断自我调控："浏览材料、找关键词、明确观点"是审题的前提，学生提炼观点时如果忽略了根据，就容易导致跑题。"联系知识、罗列论据、安排结构"是表达要领，要会用自己熟悉的内容来表达新颖的观点。"下笔成文、讲究格式、史论结合"是学科能力，要使用历史学科语言，切忌使用口头语、单纯的史实堆砌或是整篇的空头论述。

③过程支架示例

过程支架主要是为学生引导道路，要求学生围绕既定的任务展开各种体验式活动的指南。在拓展和探究型的历史学习中，运用"过程设计"来引导学生，实际上就是为学生的历史"体验"提供"过程支架"。如讲授《明朝的对外关系》一课的"课后活动"时，教师引用"一年三百六十日，多是横戈马上行""一片丹心风浪里，心怀击楫敢忘忧""遥知百国微茫外，未敢忘危负岁华""封侯非我意，但愿海波平"等诗句，让学生通过相关阅读，共同讨论戚继光怀有怎样的情怀和抱负。教师可以提供过程支架：朗读与吟诵—解说与写意—整理与归类—感悟与抒情。"过程支架"能够让学生更加深入地探究人物的心理，并将戚继光"保国卫民、戎马一生"的形象深深地印刻在学生心中。

④策略支架示例

策略支架主要是为帮助完成体验式历史学习的某一任务或解决某一问题而提供的可供选择的、多样化的方法或途径。策略支架有建议、向导、图表、解释、提示和问题等形式丰富的表现。例如，在参观历史博物馆时，教师为学生提供"如何写出有效的'体验性'文物记述"的"策略支架"：(1) 指出文物中代表社会意义的两个不同符号。(2) 说一说文物中符号所表现的社会行为。(3) 根据文物和所学知识，解释文物中所描绘的事件是如何影响当时社会的。(4) 解释文物中描述的事件与你知道的事件之间的关系，从你的回答中可以看出的对文物的独特理解(不同视角)。策略支架不是一种要求学生机械记忆的概念知识，而是一种学习的工具，逐步引导学生思考问题的认知过程。学生的理解一步步加深，思维一步步拓展，并不断自我内化和建构，最终获得独立解决问题的技能。这种支架方式对学生以后的独立自主学习能起到潜移默化的引导作用。

三、历史体验式学科活动的深远价值

历史体验式学科活动是要让学生多方位、多角度、多层面地体验到历史演进过程中的生动细节，捕获不同的信息，形成不同的感受，最终构建信息关联、提升综合能力。但就目前的活动来说，想要实现真正的"体验"，难度依然很大。而突破原有框架的"体验"，或许是一种有益的尝试。这种尝试的价值在于：

其一，"体验式"有利于促进学生个性成长。每个学生个体的成长都有其独特性，这是人的个性反映。目前的历史教育放大了对学生群体共性的理解，强调了人在成长过程中的共性问题，而忽略了个别化问题。当然，这种个性和共性的矛盾，在历史教育体系中必然是存在的，历史教育的"体验"是在寻找一个更好的平衡点。体验式历史学习活动是一种个人化的行为，有极强的主观性，具有鲜明的个性特点，这是符合学生个性化成长要求的。

其二，"体验式"有助于丰富学生精神世界。传统的历史教学模式由于过分强调知识，强调理性，产生了让学生厌倦学历史的弊端。久而久之，学生丢弃了自我，远离了生活，不小心走进了工具主义的历史记忆怪圈，不懂得享受生活，不会主动体验历史的美好，异化了生命的价值。体验式历史学习"把体验作为一种学习的目的，知识的掌握成为获得内心感受的一部分，既丰富了学生自己的情感，又有助于学生对历史产生兴趣，形成主动而持续的学习需求"①。

其三，"体验式"有益于建设新型学习组织。历史教学对待学生

① 连文达：《传统文化融入中小学课程的路径选择》，《教育评论》，2016 年第 12 期。

的态度常常是"教育"，把学生以前不了解的史论展现给学生，并且让他们相信这就是他们今后要面对的世界。但事实并非如此，历史教育的本真不是"知识"，而是认识知识的精神和态度。那么，历史教育怎样才能将这种态度和精神传给学生呢？体验式学科活动带给学生的不仅是知识，更是体验过程中的感受。师生作为历史教育的共同体验者，共同获取感受，尽管个体感受差异可能很大，但学习的态度将促进新型学习共同体组织的萌发。

历史体验式学习活动的评价，应是一个开放循环的系统，在评价过程中不断地与外界信息交流互动，保持评价内容的及时跟进。评价还应该是一个全过程的评价，既有对活动结果的评价，也有对活动目标和活动实施的评价。主要评价方法要定量与定性相结合，定量评价的形式一般有书面评价、终结性测验，具体评价工具有作业、评价表、试卷；定性评价的形式一般有档案袋评价、行为分析、情境分解，具体评价工具有档案袋、作品和调查报告。

[本文发表于《中学历史教学参考》2019年第3期，有改动]

第二节　我的课堂教学一得

生态学视角下历史开放性教学的课堂研究

传统历史教学的开放性常常局限于开放题的构建或史料的引用，很少针对课堂去研究模型建构。生态学在教育领域的应用发展，为我们研究开放性的历史教学提供了一个全新的视角。本文结合教育生态学和开放性历史教学的研究，从生态学视角对历史课堂进行分析、探讨，挖掘历史教学开放性的生态特征，阐述历史课堂开放性的构建策略，并提出具体的教学实施过程。

一、生态型历史课堂的开放性特征

现今的教育生态学认为，在历史课堂中教师、学生构成了生态主体，他们与课堂环境、历史教科书、史料等一起通过教学活动组成了生态系统。教师与学生之间的交流互动以及交流互动所遵循的教学规律被称为类生态，教师与学生的心理活动及通过教学师生获得的内心感悟被称为内生态。研究生态型历史课堂主要是探讨这些要素和它们之间的相互影响。

生态型历史课堂是建立一种“崇尚自主、整体和谐、交往互动、开放生成和可持续发展的课堂，是学生学习、成长和完善生命发展、提升生命质量的场所，同时也是教师专业发展，走向成熟的舞台”①，“珍惜独特性、尊重多样性、强调关系性、追求和谐性，这是将生态课堂与其他课堂区别开来的本质所在”。开放性教学则指“以培养学生的创新精神和创新能力为目的，给学生提供探究的问题和探究的手段，让学生自己探究知识的发生过程，并将在探究过程中获得的感性材料进行思维加工，使之转化为学习成果的教学方式”②。开放性历史教学通常指“以人才培养目标和现代教育理论为指导，尊重学生个体差异和发展潜能，以历史问题为载体，在教学中开放教学关系、开放教学内容、开放教学形式，使学生通过动手实践、自主探索与合作交流等方式主动获取知识、应用知识的一种教学模型”③。历史开放性教学强调教师为学生思考、探索、发现和创新提供最大的空间，在宽松、民主的课堂环境中促进学生创新意识的形成。

生态学视角下的历史开放性教学，需要教师创设情境、设计问题，学生通过讨论解决问题。在这个过程中，教师营造民主、平等、和谐的课堂气氛，为学生的思考、探索、发现、创新和交流创造最大的空间。学生既进行个人思考、探索、创新，又和同学、教师进行互动交

---

① 李森、王牧华、张家军:《课堂生态论:和谐与创造》，人民教育出版社 2011 年版，第 3 页。

② 张云鹰:《开放式教育》，教育科学出版社 2011 年版，第 40 页。

③ 杜先富:《开放式教学的理论与实践》，华中师范大学 2003 年硕士学位论文。

流，促进学生创新意识、创新能力和团队精神的提高。因此，生态型开放教学具有以下特征。

第一，尊重个体生命，关注学生差异。传统的历史课堂往往忽视学生的自身需求，将学生视为历史知识记忆、接受、储存的容器，以机械、规范化的记诵要求对待不同的学生，每个学生又用相同的方法了解相同的史事。这样的历史课漠视学生个体差异，对个体生命的成长缺乏应有的尊重。如教师讲授“西周宗法制”时，只简单梳理教材知识，要求学生死记相关内容。

而生态教育学则提倡教师要尊重学生生命的完整性、差异性。生态型历史课堂的开放性首先从问题出发，从学生熟悉的情境出发，问题情境是开放的，既有一定的趣味性，又能反映出历史学科本质；既有一定的难度，又不高不可攀。学生从起初就对问题存在一定的兴趣，就会产生对史事了解的需求。例如对于宗法制的教授，教师提供一些如家族祠堂、族谱等贴近生活的史料，然后提出这样一些问题：中国式家庭注重哪些情感联络方式？这些方式是如何渗透到儒家思想中的？又怎样影响了古代中国人才选拔？学生通过动手实践、自主探索和合作交流，获取了史实，得出了史论，在体验的过程中又使得每个学生有所领悟、有所收获，从而尊重了学生自身生命的要求，适应了学生的个体差异。

第二，重视动态过程，培育核心素养。生态型历史课堂重视关注学生已有的经验，使学生体验从史料中抽象出问题、构建模型、寻求解决问题的过程。通过对学习过程的体验，真正实现历史课程的基本目标。实践说明，只有建构在学生已有经验基础上的知识才容易被接受，学生只有体验了知识获得的过程，掌握一定的技能方法，才能真正地理解知识。有了如此的教学情感交流，史学的教育价值目标就实现了。历史教学的动态平衡，就是通过开放的问题、情境以及学科活动，使学生的思维与新的经验相联系，提出自己的问题、想法，再与教师、其他学生多向互动，形成多样的体验，教师组织学生对问题解决方案进行总结、完善，引出新的开放性结论。学生的思维始终是动态的，提出的问题也是动态的，但整个教学活动是平衡的，师生、学生之间平等交流，他们间的交互作用所产生的思维输入和输出是积极而有趣的。

第三，关注情境开放，锻炼多元思维。生态型历史课堂的开放，首先是开放的学科情境。开放的历史学科情境最初是指终端开放的题目，主要有“条件开放型、结论开放型、策略开放型、综合型”。历史学科的开放性问题情境，会使学生“心求通而未得，口欲言而不能”，从而促进学生的记忆、联想和应用。如教师讲授察举制时，选用《中国古代官僚政治制度研究》（吴宗国主编）和袁行霈《中华文明史》等中的史料，通过建构开放的问题情境，使学生对察举制有了多元的认识：察举制并非一无是处。察举制有多种途径，选拔了一大批治国之才。其中的举荐制，后来发展为九品中正制，其中的考试形式，后来发展为科举取士制，对中国后世的选官制度演变影响深远。这样的开放是聆听学生的想法，允许学生有不同的看法，允许学生多向交流，调动学生积极性和学习兴趣，使学生主动参与到教学活动中。学生在阅读情境史料的过程中，要有开放的意识，要有独立的意识，积极思考、勇于质疑，发挥自己的主观能动性，用自己的观点和方法探索问题。教师要仔细研究设计开放性问题，即开放性的应用问题的研究以及评价方法的研究。生态型历史课堂的最终目的是培养开放性的思维，培养人的思维品质。这囊括了创新性思维的独创性、变通性和流畅性，又具有思维的批判性、发散性。这种灵活、开放、发散的思维正是培养创新型人才所需要的。

第四，呵护精神生态，关注合作方法。生态型历史课堂重视心理因素对教学的作用。在传统的历史教学中，部分教师以自己的权威，通过提出明确的、硬性的要求，把自己的观点强加于学生。而生态型历史课堂中教师以平等、民主的态度对待学生，创设和谐、融洽、欢快的人文气氛，使学生的才智在和谐的环境中得到发挥，观点在交流互动中得以被倾听。如教师讲授科举制时，没有要求学生按照自己的意愿去机械记忆内容、影响及评价，而是让学生根据中华文明的传统及自己的文化喜好，去做学科探究，设置探究问题：你知道科举考试的内容有哪些新意？你喜欢的传统文化在考试中是如何体现的？豪门大族考场舞弊让人深恶痛绝，科举考试在这一方面做了哪些有借鉴意义的创新？上述问题体现出对学生理解、期待、欣赏的态度，并用教师自身积极、健康、富有活力的精神、才华去影响和感染学生，引导学生建立健康积极的情感、价值观。教师作为学习伙伴，使学生在“山重水复疑无路”的困惑中能瞬间感受到“柳暗花明又一村”的激动。合作是开放性教学的主要方法，如果没有教师的权威作为依靠，学生就会仁者见仁、智者见智，在对问题的理解和思考上就可能会有偏差或不足。在学生与学生、与教师，甚至与课外的网络知识交流互动过程中，教师要及时对学生进行指导，当学生提出独特的想法时，要积极表扬学生的成果；当学生思考不够完善时，要激发学生的潜力，维持课堂开放的氛围。

总之，生态型历史课堂的开放性，视生命内在发展力量为成长的根本动力，能让学生和教师的生命在课堂中不断地得到发展。同时，在教学开放性过程中，力图使课堂成为一个处于动态平衡的生态系统，使学生主动学，教师积极教，教学相长，引发师生情感共鸣，从而达成历史教学预设的目标。

二、生态型历史课堂的开放性教学模型

生态型历史课堂的基本要素是师生和课堂环境，他们通过教学活动联系成为一个生态链。历史课堂作为一个开放的、与外部环境之间以物质、能量和信息流动的方式联系的生态系统，在进行开放性历史教学时的步骤是：提出问题、解答问题、合作交流、提出变式问题、研究问题、抽象出普遍化的结论。为了便于论证理论假设，我们把历史课堂分为新授课、习题课、复习课等课型来讨论具体的开放性策略。

1. 新授课的开放性教学模型建构

历史新授课具有发展的抽象性、表征的多元性、理解的层次性和联结的系统性特性。因此讲授史事一般是通过“概念的形成”和“概念的同化”来实现的。史事概念的形成要求学生从大量同类事物、事件、情境中，经过推理、论证和概括等思维活动，抽象出它们的共同特

征。如教师讲授小农经济，师生一般要通过生产方式、生产技术、生产特征等多个事件情境进行概括。概念的同化是指利用学生的已有经验，以论证、解释的方式给出概念，揭露其本质特征。生态型历史新授课的开放性教学流程如图5-2所示。

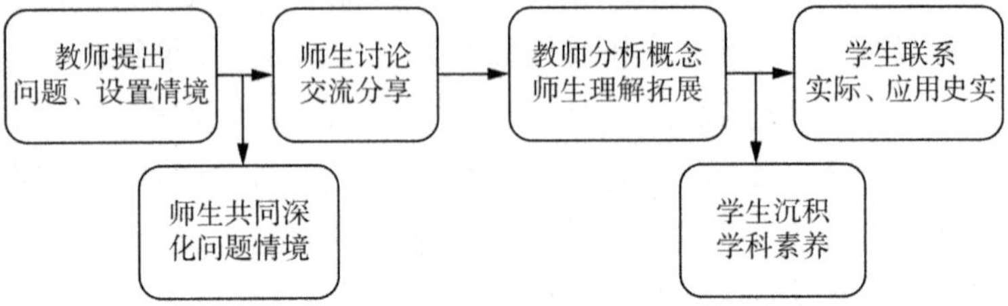

图5-2　新授课的开放性教学流程

图5-2中的“问题情境”是概念教学的第一步，也是形成史事概念的基础。在历史概念引入时，教师可以激发学生的探索兴趣，引导学生进行猜想、思考、辨析，激发学生的思维，使学生成为历史的探索者和发现者，使学生养成勇于猜想历史细节的好习惯。“交流分享”是学生在对所提问题猜想、思考的基础上，阐述自己的历史见解，学生与学生、学生与教师对见解进行交流，辨析问题和不足，在这个过程中学生的思维受到尊重，学生能感受到课堂的温馨，师生在交流互动中实现动态平衡，以培养学生的历史学科表达能力。“理解拓展”是指师生对史事进行分析，抓住主要特征，使学生体会到自己是知识的主人，加深对史事特征的理解，培养学生历史思维的灵活性和发散性。“实际应用”是加深和巩固学生对史事概念的理解，培养学生的应用能力和语言表达能力。

新授课的开放性构建，是让学生体会从个别到一般、从一般到个别的过程，最重要的是保证开放性的教学目标和教学活动。教学目标是教师在教学的过程中，在完成某一阶段教学时，希望学生能达到的要求。历史新授课的开放性教学目标设计见表5-3。

表 5-3 历史新授课的开放性教学目标设计

类型	特征	示例
体验性学习目标	目标不空洞，含有精细化的、独立学习的价值	准确说出启蒙思想家的观点，借助典型的作品解释理性主义的内涵，比较出其独特个性
探索性学习过程	教授不机械，含有建构性的、参与性的问题经验	收集启蒙思想家的生活观念，探寻启蒙思想在现代社会中的价值，尝试用思维导图等方法概括启蒙思想
故事性学习细节	融事、理、趣为一体，具有文化感染力	传播启蒙思想家的故事、蕴含启蒙思想的寓言、具有启蒙智慧的生活案例
竞赛性学习激励	以激励性评价使史实存储于学生长时记忆之中	通过竞答、创作等手段，激发学习的积极性，进而使外部激励转化为学生的内在动力

根据课程目标、教学内容、学生情况，可以设置不同层次的新授课开放性教学目标。除了要关注知识、技能之外，还要注重情感态度以及合作交流、实践应用等方面。根据开放性的教学目标，学生运用已有的知识、经验来解决问题，将未知问题转化为已知问题。新授课开放性的教学活动，主要是指教学不仅利用教材进行史实记忆，更包括对问题的观察、猜测，在进行错误尝试、模型模拟等活动后，学生通过活动体验、观察推理、合情猜想等过程，掌握历史学科的基本研究方法。如讲授《辽、西夏与北宋并立》时，利用《契丹人引马图》启发学生猜想：契丹人的生活风俗是怎样的？契丹人的生产活动有哪些？契丹族与汉族怎样进行文明交融？如果上述猜想在历史课堂上出现了分歧，而这个分歧值得进行探究，那么教师可以鼓励学生到现实中去调查，到图书馆去查找资料，也可以布置一些值得思考的开放性作业，答案可能是非唯一的，甚至是不确定的。

2. 习题课的开放性教学模型建构

习题课的开放性教学建构，是加深学生对史事的理解，使史事完整化、具体化，从而使学生牢固掌握所学知识的有效途径。也就是把已经掌握的史事，基本事件、人物、时序，迁移到不同情境下加以应用，找出解决问题的方法，并加以比较、择优。习题课的开放性教学，不仅能有效地增强学生解决问题的能力，提高历史教学质量，而且可以促进学生形成良好的史学观念。历史习题课不能仅仅以会做试题为目的，而要通过试题巩固知识，提炼出解决问题的方法。通过试题的分类与训练，完善相应的知识体系与学习方法，通过试题的变式、变形与多元理解，引申、拓展史事，使知识、方法得以升华。历史习题课的开放性教学流程如图 5-3 所示。

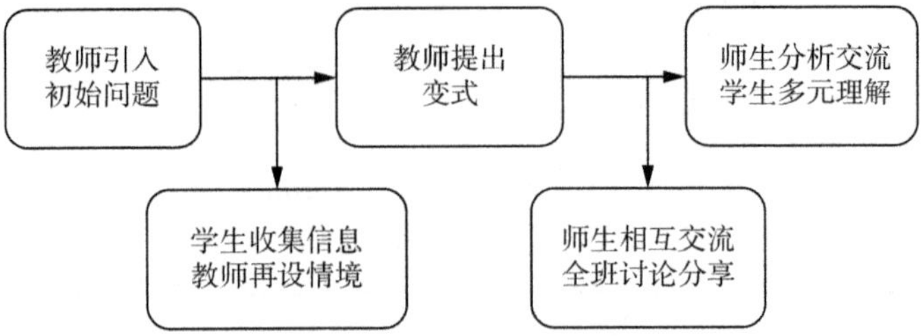

图 5-3　习题课的开放性教学流程图

图 5-3 中“初始问题”是历史学习的起点，对初始问题的讨论，使教师掌握学生的认知障碍，使学生更容易融入课堂之中，如讲授明朝内阁制，可以先从“张居正电视剧情节”入手提出初始问题，通过对初始问题多方位、多层次的分析、讨论，培养学生历史思维的完整性、灵活性。“变式创新”是在对初始问题多方位的分析后，根据学生的认知障碍，将原问题进行加工，使之变化拓展，形成变式问题，打破学生固有的思维框架，发散学生的思维，并形成新的动态平衡。如讲授内阁制的变式问题，可以从地位变迁、票拟、与司礼监的关系等方面入手。“分析交流”是指师生一起对问题进行分析，提出一般化的历史结论。给予学生讨论、交流、思考的空间，使学生充分发挥学习的主动性，形成一个完整的课堂生态系统，让学生在讨论问题的过程中学会运用史事、体悟历史。

习题课的开放性教学构建，是让学生之间、师生之间达到和谐共生的过程，要保证教学评价和教学内容的开放。教学评价的开放，不仅强调评价学生的历史知识、学科能力，还包括对兴趣、信念、情感的评价。开放性的教学评价不能将评价功能窄化为单独的过程，甚至是“档案袋”或“成长记录袋”，而是要将教学评价与教学过程融为一体，评价方式是多样的，评价主体是多元的，学生要以积极的精神面貌体验相关的学习活动。因此，对开放性历史教学的评价，应以人文性为导向，重塑评价中人与人的关系，设计多元化的评价项目。历史习题课人文素养的开放性评价参见表5-4。

表5-4　历史习题课人文素养的开放性评价表

领域	变式	表现	分值
理性思维	解释：对历史事物进行理性分析和客观评判	说出历史叙述与历史事实的差异，多层次、多角度地陈述自己的结论	4
	实证：获取可信史料，据此重现真实历史	从试题史料中提取有效信息，作为重构历史叙述的可靠证据，并据此提出自己的认识	3
	分析：比较不同的历史叙述，说出产生歧义的缘由	区分试题中的史实与史论，对试题中的历史结论加以分析	2
	时序：辨识历史叙述中不同的时空表达方式	利用试题中的语言、年表、地图等要素对相关史事加以认识	1
勇于探究	想象：以辩证、发展的眼光加以看待和评判史事	对试题中的问题形成合理的想象，更好地感悟历史上的各种事物	4
	质疑：学会从历史表象中发现问题，揭示史实间的因果关系	在尽可能吸收试题题干有效信息的基础上，验证其中的假说，努力提出多元的理解	3
	好奇：感悟史事的境况，以探索的态度对待历史	理解试题中不同有效信息之间的联系，并将这种联系体现在自己的解答中	2
	观察：辨别历史事实与历史解释，发现史实	选择、运用相关试题材料，并运用相关历史术语，在解答中能将史实与观念结合起来	1

历史课堂中开放性的人文素养评价，就是把兴趣、动机、思维等纳入评价之中。这样开放性的评价适应了学生终身发展的需要，也是适应教育国际化的发展趋势，增强国际竞争力的必然结果。

习题课的开放，要重视教学内容的开放，教师在遵循历史课标的同时，命制应用型、能力型开放性问题，将封闭的教材知识拓展到教材之外，联系社会生产和生活经验，沟通生活中的历史和教材中的历史,这样的教学内容有利于学生理解史事。

3. 复习课的开放性教学模型建构

复习课的开放性教学建构,主要围绕的内容是学生过去学过的史事,包括单元复习课、专题复习课和总复习课等几种类项。历史复习课不应该是简单的重复,它应突出学生的学科学习活动以"内化学习"为主的特征,对已经学过的史事重新回顾、综合理解、重组结构、构建知识框架、形成新的知识体系。复习课的开放性,强调将教学过程组织成学生的再认识过程,引导学生从更高的层次、更新的角度进一步理解、掌握已学过的史实,进而提高学生的史事概括能力。历史复习综合课的开放性流程如图 5-4 所示。

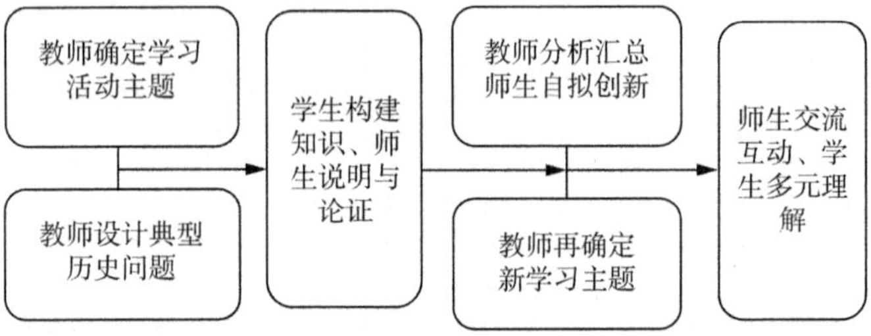

图 5-4　复习综合课的开放性教学流程图

图 5-4 中"确定主题"是历史复习课的准备阶段,学生对所学内容进行初步的整理,教师发放复习提纲,利用提纲中的表格、框图等引导学生回忆、整理已学史实,并让学生选择一定的角度理顺知识的内在联系。"构建知识框架"是通过师生的交流加深认识理解,引导学生构建出所复习内容的知识框架。通过学生自己构建知识框架,使学生成为知识的组织者,感受到历史学习的乐趣和教师对学生的尊重,从而形成课堂生态系统。"创设问题"是在构建知识框架的基础上,教师创设开放性问题,学生讨论、交流体验和收获,从而提高学生解决历史问题的能力。"问题汇总"是针对在解决典型问题中出现的问题,师生一起进行分析、汇总。通过师生共同的总结,学生能充分发挥其主观能动性。"创新问题"是在分析问题情况的基础上,学生根据自身特点自拟问题,并进行共同讨论、交流,实现反馈、补缺,

充分增长学生的史论见识。

构建复习课开放性的生态，要努力尝试问题情境的开放。历史知识是活动、背景和文化产品的一部分，具有情境性。同时，历史知识又是被不断运用、发展的，所以历史复习课必须创设开放性的情境，要能体现操作性、趣味性、民主性、激励性和探究性的学习任务，让置身于这些任务中的学生产生探究新知的欲望和解决问题的热情。开放的问题情境是学生积极学习的动力，以“抗日战争”为例，开放性问题情境的设置可以参见表5-5。

表5-5 “抗日战争”的开放性问题情境设置

史实要求	探究过程	体验情境
说出九一八事变、七七事变和南京大屠杀等侵华日军的罪行	在调查、收集的基础上，认识日本军国主义凶恶残暴的本质	塑造学生既能正确对待历史，又能理性看待世界的爱国主义情操
列举中国军队抗击日军的重大战事、军民坚持敌后抗战等史实	采用严谨、求实的方法，实事求是地获得知识，尊重他人的成果	从抗战的事例中，体会中华儿女万众一心、不怕牺牲的斗争精神
解释建立抗日民族统一战线的作用	探讨抗战胜利的原因以及在反抗外来侵略斗争中的历史地位	从民族统一战线细节中，感悟中华民族独立自主、自强不息的精神

复习课的开放性问题情境，能对学生掌握知识、发展能力以及培养情感、态度、价值观起到积极作用。尝试运用证据是开放性情境中的必要环节，师生应注重多方搜集证据、甄别证据的真伪，以此形成一定的技能。做到这些，复习课就不再是师生对历史教材的简单复制或再现，而是师生在情境中不断开发、不断推进知识的探索过程，并在学科活动中获得更多的体验。借助开放性的问题情境，学生不仅可以学到知识，提高分析比较的能力，掌握讲求证据、重视逻辑推理的方法，更重要的是能养成严谨踏实的治学态度和学科精神。

历史课堂开放性教学的建构策略，本质上是学生在开放的教学过程中通过与教师、同学交流互动，不断地提出问题，思考问题的过程。学生只有经历了知识建构的过程，才会将课本内容真正内化为自己的知识，才会具备终身学习的能力。

三、生态型历史课堂的开放性原则

实施开放性的生态型历史课堂，需要学生具有更多的空间和自由，学生必须拥有自我监督和管理的能力。由于学生对开放性问题的兴趣，学生会全身心地投入，并获得成功解决问题的喜悦，从而对学习产生持续的兴趣。由于开放性教学自身的特点，在历史课堂中除了遵守一般的原则外，还应当遵循以下几条原则。

第一，师生交流的合作性原则。在开放性历史课堂中，学生认识史事可能会出现偏差和不足。这需要师生、生生之间的合作，通过挖掘师生的集体智慧来去伪存真。只有生生、师生合作交流，学生的思维才能得到发展。就学生的个体而言，由于存在智力、能力等方面差异，往往存在下列问题：缺少交流的某些能力；学习的潜能得不到发挥；基础薄弱学生的参与性欠缺；学生思维的深刻性稍逊。这些问题变相剥夺了学生参与学习的权利。所以，开放性的历史学习合作，教师最好采取“同组异质”的分组法，注意合理搭配，优化组合。每4人左右为一小组，群体内搭配兼顾智力、能力和兴趣爱好的差异。科学合理地分组，可以使学生个体之间产生相互促进的作用。

历史教师要在指导学生能力提高的基础上，恰到好处地“穿针引线”，以思维交互的形式来完成合作，并逐渐实现自觉化。当学生遇到学习障碍时，教师要用“讨论”来启迪学生。如讲授“中外历史人物评说——唐太宗”时，学生认识评价人物的标准发生偏差时，教师引导的讨论方向应该是“看他对历史发展起的作用”“看他的作为是否符合当时社会发展的需要，是否符合当时人民的利益”，引导学生在充分发表自己意见的基础上学会判断、分析、归纳和推理；同时，教师引导学生注意倾听其他学生的发言，避免交流时过多的内容雷同，以提高学习效率。历史教师的角色不要只局限于讨论的组织者，更要指导学生如何发表自己的见解。

第二，学习状态的主体性原则。开放性历史课堂主张尊重学生，并尽可能地将历史学习的主动权交给学生，从而激发其参与学习的积极性。因此，积极激发学生历史学习状态显得尤为必要。教师首先要在课堂上始终精神饱满，满怀激情，对教学活动充满信心，这样学生就会潜移默化地受到教师激情的感染，情绪高涨。历史教师要善于运用不同的手段来调整学生学习状态。例如，当学生面对“学习障碍”愤愤不已时，教师可以利用神态语言提醒学生保持理性，当学生对“学习任务”充满信心时，教师应以充满期许的眼神鼓励学生。历史学习状态的主体性，就是用对的方法，用正确的方式，去确保学生拥有最佳的学习状态，然后通过调整学习情绪，让学生放松自己的情绪，全身心地学习。简单地说，就是提高学生历史学习的积极意识，控制学习情绪，保持乐观心态，不断进行自我激励。主体性原则不是要去除或压制学生的历史学习情感，而是教师在觉察学生学习状态后，以乐观的态度、幽默的语言及时地缓解学生紧张的心理，为学生创设一种良好的课堂环境，从而使学生精神饱满、思维活跃地投入历史学习中。了解历史学习状态的关键不在于状态本身，而是状态的表现方式，引导学生走上健康的学习管理之道。

第三，反馈评价的动态性原则。开放性历史课堂强调教学过程的动态生成。成功的教学活动生成要依靠正确的反馈、评价。传统的历史课堂经常出现反馈不及时的现象，课堂提问、教师板演、讲练结合等方式，虽然在一定程度上体现了学生的参与性，但是信息覆盖面小，时间有限，教师对学生的学习状况心里并没有底，教学活动的调控处于盲目状态。简单的课堂提问也不能满足学生个性化学习要求，学生会逐渐失去历史学习的兴趣。因此，教学评价与反馈的动态调整，能使教师和学生之间有深层的沟通，改变教师唱独角戏、满堂灌的现象，重视学生的主动参与，方便教师及时从学生那里获得反馈，并做出快速分析，及时调控教学进程，对失误进行补救。历史课堂中反馈与评价的动态性表现参见表 5-6。

表 5-6　历史课堂中反馈与评价的动态性表现

领域	动态性表现	评价与反馈
学习方式	积极建构知识，探究中有自我查漏补缺的意识	不仅要注重学生学习的结果，更要重视探究的过程
	积极获取学习策略，学习中有模仿他人学习方式的行为	
学习过程	听讲认真，兴趣浓厚，求知欲望强烈，与教师有呼应	教师要给予必要的指导，让学生重新燃起探索史事的激情
	注意力集中，主动化解难题，解决问题的参与度高	
学习效果	理解并掌握历史学科知识，在问题解决过程中领悟历史学习方法	要舍得让学生经历失败，因为从错误中获得的体会更有价值
	学以致用，体现历史知识的迁移能力	

反馈评价的动态性，是一种多元的表现性评价。历史教师不仅要激发学生心灵深处那种强烈的求知欲望，而且要让学生在求知中获得成功的体验。只有历史教师重视学生学习的反馈评价，采用多种形式收集反馈信息，并善于利用学生的反馈信息，因势利导地使用评价反馈结果，才能使开放性历史教学处于最佳状态之中，才能在教学中对学生的反应做到胸有成竹。

生态学视角下的历史课堂作为一种先进的教育前瞻性项目，必须在师生有效的共同调控下才能发挥效能。研究开放性历史课堂要根据授课的内容、教学的对象、课堂的环境以及手段的变化，来制定具体的实施策略，教师只有通过合理的教学流程及学习环节的预设与生成，才能真正促进开放性教学的创新发展，促进师生之间的深度交流，达到教学相长的目的。

[本文刊于 2017 年 05 期《历史教学(上半月刊)》]

用 PTA 量表培养学生的提出问题能力

——以历史问题式教学设计示意为例

历史课程实施的核心价值之一，就在于培养学生的“提出问题”能力。评价学生历史学习表现也应该侧重于探究学习的“提出问题”。随着对历史教育研究的日益深入，“提出问题”的能力也受到了大家越来越多的重视。历史教学中的“提出问题”能力，主要是指学生能读懂历史材料，对材料进行去伪存真、去粗取精、由表及里的整理，最大限度地获得有效信息，并结合所学知识对有关问题进行表述。这是一种通过学习中未解决的矛盾，学生积极地发现新问题，且说明问题的过程。

PTA 量表是美国教师沃尔弗德等教育者倡导和开发的一种对于学生作业（尤其开放性作业）的评分工具。PTA 是英文 Primary Trait Analysis 的缩写，意思是基本要素分析。PTA 量表既可以用来为大规模考试建立评价标准，也可以为学生的历史学习表现建构认知行为导向。PTA 量表为学生的提出问题能力培养提供了良好的理论支持和思维导图。本文借助 PTA 量表来分析如何提高学生的提出问题能力，有利于引导历史教学真正关注历史学科核心素养在课堂中的培养。

一、“提出问题”在学科素养中的地位

历史教育是以史学为基础的一门提出问题的人文学科。它以现实问题为联结点，引领学生学习探究古人面对各种问题时是如何应对的，从中汲取智慧服务于现实生活。历史问题的提出，是学生以解决问题为目标来进行学习的活动，是与学生生活密切相关的一种心理认知活动。提出问题的能力，体现了学生对学科知识的综合运用，展现了学生的多种学科能力，是学生适应社会发展、参与社会生活的基本能力。

根据呈现方式的不同，历史问题可以分为符号性问题和操作性

问题。符号性问题主要通过文字、图形等形式表现出来,学生借助多种思维活动将史料信息转换成问题(符号),进而去进一步解决;操作性问题则是真实的社会生活技能,它要借助一定的工具去解决实际问题。为了便于教育理论探讨,我们主要论述符号性历史问题。学生提出的历史问题可分为简单性问题和复杂性问题。简单性问题通常学生用较少的心理步骤就能提出,复杂性问题则需要学生进行大量复杂的思维推理才能表达出。

从学习行为表现看,提出问题是指整理知识信息与所要达成学习目标状态之间的过程,是在问题的未成形状态和解决状态之间寻找一条路径。因此,问题的提出过程是一系列的思维活动,如发现问题、澄清问题、做出猜想、形成假设、做出判断、完成表述。

"提出问题"是历史学科育人价值的重要体现。我国的历史课程标准说:"学生历史学科核心素养的发展,绝不是取决于对现成的历史结论的记忆,而是要在解决学习问题的过程中理解历史,在说明自己对学习问题的看法中解释历史。教师要认识到,任何一种教学方法的实施,都在一定程度上与问题的提出和解决有十分密切的关系。"①由此可见,历史教师要在分析教学内容的基础上,以"提出问题"作为展开教学的切入口和逻辑点。提出问题是历史学习的首要环节,目的是从历史表象中发现问题,对历史事物之间的因果关系做出判断,从而客观评判现实生活中的问题。只有学会明确地提出问题,后继的学习活动才能得以深化。历史学习认知中"提出问题"与其他的能力有着密不可分的关系(见表 5-7)。

表 5-7 "提出问题"要素与其他能力要素的关系

其他能力要素	提出问题
再认、再现	准确地反映史实原貌,理解历史材料
猜想与假设	最大限度地获得有效信息,对相关问题形成具象认识

① 中华人民共和国教育部:《普通高中历史课程标准(2017 年版)》。

续表

其他能力要素	提出问题
归纳与比较	明确要研究的问题,预设解决方案
收集与求证	对问题的解答需要收集证据支持
分析与论证	通过问题的分析与论证,从而能得出结论
评估与表达	透过未解决的矛盾,史论结合来发现新问题
交流与合作	语言准确地针对提问的过程进行交流

表5-7中的“提出问题”,与PTA量表的设计思路有着紧密的关联。如果巧用PTA量表来引导学生的历史学习行为,那么PTA量表可以使“提出问题”的能力等级更加清晰。PTA量表的理论假设是:任何一种学习行为表现,都会有一系列基本的要素,这些要素构成学生学习历史(知识与技能)的思维组块,只要找出这些基本组块,并对学生在这些基本组块上的行为表现做出准确评定,那么学生在完成这些具体学习任务时的思维活动就清晰可见了。

要建立一个PTA量表,首先要确定对评价起重要作用的要素,如学习《隋朝的统一与灭亡》时,要求学生比较秦与隋王朝的兴亡,并用探究报告的形式来说明。对于这一学习任务,教师可以选择一些评价要素,如语言准确、史论结合方法、资料信息提取途径、资料去伪存真的变量控制、证据搜集和结果交流、问题理解深度等。教师根据其学习目标来决定评价的一个或多个要素,以此引导学生发现问题和提出问题。

培养学生的提出问题能力,有助于发挥学生的主体作用,激发学习兴趣和动机。在历史教学中,只有学生积极参与和配合,教学的目的才能真正实现。教师利用PTA量表对学生提出问题能力进行培养,使其带着有价值的疑难问题去学习,可以启发思维,令学生主动地完成学习任务,从具有挑战性的创造中获得愉快的学习探究体验。

二、PTA 量表在提出问题中的运用

PTA 量表能帮助学生掌握提出问题的有效方法。PTA 量表的基本要素清晰明确，指标可操作性强。教师只要展示 PTA 量表给学生，学生对 PTA 量表基本要素的再次转换，就可以反映其“提出问题”的能力水平。教师也可以根据 PTA 量表的基本要素积极地转变教学方式，用更有效的教学手段培养学生提出问题的能力。编制提出问题的 PTA 量表，就是把“提出问题”的能力分解成若干基本要素，确定这些要素的指标。编制的过程参见下列具体案例。

Ⅰ. 确定 PTA 量表的评价要素

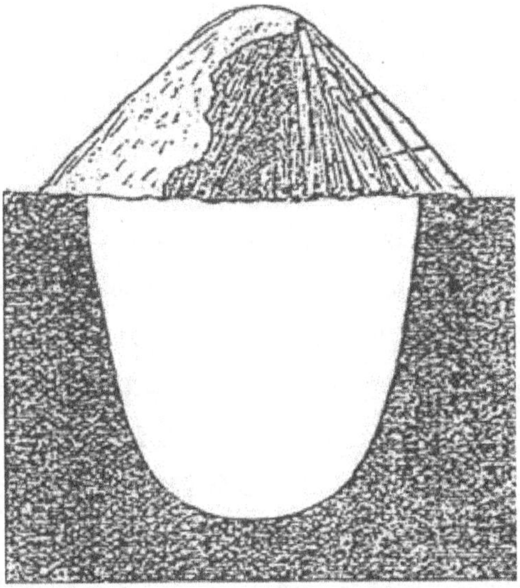

图 5-4　含嘉仓

细化 PTA 量表的指标而形成的评价要素表，可以引领学生积极提出问题。比如，《中国历史(七年级下册)》教材上有“含嘉仓”(示意图见图 5-4)，“相关史事”写道：“含嘉仓是隋朝在洛阳修建的最大的国家粮库。经考古发掘，遗址面积 40 多万平方米，有数百个粮窖。

仓窖口径最大的达18米，最深的达12米。隋文帝末年，国家的物资和粮食可以供应全国五六十年。”①结合上述教材情境，提出问题：(1) 观察示意图，描述隋朝“含嘉仓”的建筑形状。（口大底小、椭圆形）(2) 说一说地下储粮有哪些好处。（恒温存储、安全防火）(3) 这样的建筑如何才能达到科学储粮的目的？（合理的想象是：火烧四壁泥土，达到防潮的目的）(4) 为什么选择在洛阳修建“含嘉仓”？（交通枢纽、大都市）(5) “含嘉仓”还蕴含着哪些生活智慧呢？（修建于地势高处，封土之上种植小树，监测粮仓温度，预防粮食霉变）

从上述案例的问题看，根据已有的史料信息提出问题时，要在头脑中形成对想要解决的问题的初步想法；然后将头脑中具有的初步想法进行整合，形成有价值的问题；最后用准确严谨、史论结合的语言将头脑中形成的问题表达出来。综合上述案例，“提出问题”能力的构成要素包括：问题意识、进行猜想与假设、提出探究性问题和对问题的表述。

Ⅱ. 转化PTA量表为提问导向

“提出问题”能力是由问题意识、提出猜想与假设、提出探究性问题和问题的表述4个要素构成的。在对学生提出问题能力进行培养时，需要将这4个要素转化为可操作性强的行为，以便于学生进行仿效提问。

“问题意识”是学生头脑中产生问题的初步想法。“提出问题”的数量能够反映出学生“问题意识”的强弱，如果学生能根据历史情境，提出一定数量的问题，说明学生根据情境进行了积极的思考，那么在判断时就可以认为学生的“问题意识”较强。可以将“提问的数量”作为评判学生“问题意识”的重要指标（见表5-8）。

① 齐世荣：《中国历史（七年级下册）》，人民教育出版社2016年版，第2页。

表 5-8 “提问的数量”的要点及表现评价

评价指标	评价的要点	表现
提出问题数量	提出 3 个或 3 个以上的问题	3 分
	提出 2 个问题	2 分
	提出 1 个问题	1 分
	没有提出问题	0 分

教师可以通过展示表 5-8 的要求,引导学生积极思考,激活学生大脑中的“问题意识”。“问题意识”的量表指标是以学生提出问题的具体数目为标准的,这就需要学生努力实践,只有对同一条史料进行多角度提问,提出问题的能力才能不断提高。

“提出猜想与假设”要求“假设”在所给的历史情境下具有合理性,问题之间的相关性比较强。在一定的历史情境下,如果学生提出与历史情境无关的问题,那么可能是因为历史情境对学生的引导不够,或者学生提出问题的能力还比较弱。比如,学生读到历史情境:布农人没有正式成年仪礼,但有相当于成年仪礼的仪式,即拔牙、缺齿。通常男女到了十五六岁时,都须将上颚之两侧门牙拔去。若是男人不拔牙,就代表作战时不勇敢,或狩猎不获猎物。若是女人不拔牙,那就代表不会织布做衣服。缺齿代表着勇气和美德。因为这样的缘故,大家也认为缺齿才是美的象征。至于拔牙的工具是一根线及一根棒,线之两端分别系于棒之两端。它的方法是先将线绕牙两周,持棒用力往上拉,牙齿即掉。①

对于上述历史情境,若学生提出的问题仅是“布农人把健康的牙齿拔掉是不是愚昧的?”“你认为布农人采用拔齿作为成年礼的做法科学吗?”等,说明学生对这一历史情境没有很好地理解,影响了他们提出问题“假设”的质量;合理的“猜想与假设”应与所给的历史情境具有一定的关联度。上述史料情境的高质量问题应该是:“布农人为什么要把健康的牙齿拔掉呢?你认为布农人采用拔齿作为成年礼的

① 李靥:《台湾布农族“成人礼”为拔牙缺齿》,https://www.chinanews.com.cn/tw/2014/04-30/6124226.shtml。布农族,指布农人。

社会背景是什么呢？对于拔牙这种社会习俗，一个当时布农人的解释，和历史学者的解释会相同吗？说出解释不相同的原因。"这些问题与史实有很好的关联度。即提出假设的"合理性"，是提出高质量问题的保证。这里"假设"的合理性和主观性并不意味着是毫无根据的猜测，假设虽然就其形式而言是超越事实的主观创造，但就其内容而言又必须符合已有的客观史实，而不应该与客观史实相冲突。PTA 量表"提出猜想与假设"的要点及表现评价见表 5-9。

表 5-9 "提出猜想与假设"的要点及表现评价

评价指标	评价的要点	评分
猜想与假设的合理性	提出清晰的、适当的理由及逻辑推理来支持自己的问题	3 分
	理由很清晰，但忽视了一些重要的理由	2 分
	能够提出 1～2 条说服力很弱的理由，但不足以支持问题	1 分
	没有提出能够支持该问题的理由	0 分

教师提前告知学生表 5-9 的内容，可以让学生提出的问题假设与猜想更具有合理性。学生问题假设的理由及相关的逻辑推理越能支持自己所提出的问题，问题的质量和思维发散与聚集性就越高，猜想与假设的合理性自然就成为衡量学生提出问题能力的重要指标了。

"提出探究性问题"是指学生对于同一史料情境能从多个不同视角、不同深广度进行提问，而且提出的问题能够通过一定预设探究得以解决。比如，学习《宋代经济的发展》时，师生欣赏《清明上河图》后形成了提问："这画让我们在时光间隙中窥见了怎样的盛世风貌？我们可以通过画卷触碰哪些雅致风情？太平景象之下又埋藏着哪些山雨欲来的隐忧呢？画的'清明'是何种含义呢？"等。在《清明上河图》情境下，师生从图景中给出了"政治"、"经济"、"民俗"和"艺术"等不同视角的设问，提出的问题具有一定的开放性和可探究性。具体案例为："画的'清明'是何种含义呢？预设答案：有人认为是清明节，因为画卷描述了采花、踏青等节日习俗；有人认为是名为'清明坊'的居民区，画卷描述的不是清明节，却是春夏秋冬四季；有人认为'清明'

一词是歌颂宋朝太平盛世的。那么有哪些山雨欲来的隐忧呢？预设答案：画卷中的文武官员争道、衙门值守懒散、城门守卫懈怠、惊马跑到郊外、消防设施废弛。”提出的问题一定要有可探究的价值意义。学生在质疑、思考和问题提出的过程中的探究性学习能力表现评价见表5-10。

表 5-10 “提出探究性问题”的要点及表现评价

评价指标	基本要素	评价的要点	评分
提出探究性的问题	问题的科学性	有两个或两个以上假设包含对问题本质的预测	4分
		有一个假设包含对问题本质的预测	3分
		多个假设中，没有一个假设包含对问题本质的预测，不具有科学性	1分
	问题答案的可检验性	提出的问题合理，在现有条件下能用逻辑分析或者实践验证	4分
		提出的问题具有一定的合理性，在现有条件下能用逻辑说明或者实践检验	3分
		提出的问题是错误的，在现有条件下能用逻辑说明或者实践验证	2分
		提出的问题毫无根据，且不能进行逻辑分析或者实践验证	1分

教师给学生表5-10中的探究性表现评价，就是要求学生提出的问题要根据所给历史情境，转化成可供深度思考的问题。“深度思考”体现在提出问题的能力上，是学生的提问能否反映出较多的情境信息，甚至体现不同信息之间的联系，具有较高的信息综合度。

“问题的表述”是构成提出问题能力的重要要素之一，也是提出问题环节的最后一步。我们通常用“问题表述质量”的高低来判定学生“问题的表述”的水平。因此，“问题表述质量”是“问题的表述”的主要评价指标。很多师生在提出问题时，自己明白想要问的内容，但是表述不够清晰，导致提出的问题缺乏科学性。这就需要在表述的过程中注意语言表达的准确性。如果学生语言过于啰唆复杂，也会影响问题表述的水平。问题表述的一级指标可以是“问题表述质量”。问题表述的质量可以分为“表述的明确性”和“语言的简洁性”。

"问题的表述"的要点及表现评价的具体要求见表 5-11。

表 5-11 "问题的表述"的要点及表现评价

评价指标	标准	要点	评分
问题表述质量	表述的明确性	问题表述明确	3 分
		问题表述不明确，难以理解	1 分
	语言的简洁性	语言简洁流畅	3 分
		语言啰唆	1 分

从一般意义上说，表 5-11 的等级量表体现了一种综合性导引方法。它说明学生的提问能力是一种可参照的、可重复完善的语言表达。学生提问过程的语言表达中，要初步运用辩证唯物主义和历史唯物主义的基本观点，分析历史现象和历史事物的本质，阐述历史发展的规律。语言准确、逻辑严谨、史论结合要求学生的提问过程中具有行为的规范性，有利于学生在提问过程中自主调节、不断完善自己的学习行为表现。

PTA 量表可以教会学生提问的角度与方法。因为 PTA 量表有利于学生掌握分析、综合等思维活动的方法，提出的问题可以根据从史料中分析整理出来的史实，让学生依据具体的史实，再概括出相应的历史观点，从而提高提出问题者的分析问题和运用史实解决问题的能力。PTA 量表还要求师生对零散的历史知识和史料进行处理提炼，形成历史观点，从史料的概括中梳理出历史现象的基本线索。

三、运用 PTA 量表提出问题的规范

"提出问题"能力的培养需要适合的历史情境以及良好的 PTA 量表编制。借助 PTA 量表的基本要素，引领学生创造性地提出问题，以善于发现和提出问题，促进学生提问的意愿和能力，有利于激发学生探索历史的欲望，为营造探究性历史学习氛围创造条件。帮助学生体验提出问题的过程，既是历史探究学习活动的起点，也是历史教育的目标和灵魂。为了更好地发展学生的提出问题能力，我们提出了一些教学实施规范。

第一，用 PTA 量表理清“提出问题”的能力层次。PTA 量表目标水平 1 的基本要素是：运用背景知识理解史料情境，获取文字、图表等显性的文本和隐性的信息，对相关信息进行比较，把不同来源的信息联系起来，加工出能反映不同能力层次的问题链。一组问题链的问题之间关联性要强，且能表现出连续式发问的特征。问题要紧紧围绕学科内容、学习目标和行为表现层级深化。比如，学习《辽、西夏与北宋的并立》时，对于辽墓壁画《契丹人引马图》（如图 5-5 所示），PTA 量表导引的能力分层问题是：(1) 图中铺陈的契丹人的生活景象是什么？[预设答案：一个髡（kūn）发短须的契丹人，左手牵枣红马、右手执杖](2) 墓室壁画蕴藏了哪些契丹人的生活风貌？（预设答案：畜牧业发达，骑兵是其立国之本：画马、葬马、爱马；富有民族特色的习俗：长袍左衽、圆领窄袖、靴筒裤脚；马鞍精良：既表明了发达的冶铁业又显示贵族生活奢华）(3) “髡发”让我们窥见了怎样的雅致风情？[预设答案：牧人披散头发，乘马驰逐，容易遮挡视线，“髡发”尽显干练（卫生）的姿态]

图 5-5 《契丹人引马图》

上述案例的提问是依据能力层次设计的，其中问题(1)比较容易，适用于直接提取材料信息进行提问；问题(2)需要获取隐性信息来提问；问题(3)更是需要分析综合相关知识进行逻辑推理。PTA 量表导引提问的层次性能让学生产生一种迫不及待的探究愿望，并使其真正看到思维活动的具体路径。

第二,用PTA量表激发“提出问题”的学习兴趣。PTA量表目标水平2的基本要素是:分析史料中的信息及其相互之间的关系,分清直接信息和间接信息,检索能够用于“提出问题”的假设条件,保证史料已有的信息和假设信息在检索、组织、优化基础上的趣味性。激发PTA量表提问的趣味性,既要根据学生身心发展的特征,又要巧妙地把问题延伸到情境之外。问题的趣味性不仅能帮助学生克服学习的畏难情绪,而且能有效促使学生由“要我答”向“我要问”转变。比如,学习《安史之乱与唐朝衰亡》时,师生欣赏《韩熙载夜宴图》(如图5-6所示)后,PTA量表导引出的问题是:(1) 这幅画描绘了哪些宴乐场景?(预设答案:琵琶演奏、观舞、宴间休息、清吹、欢送)(2) 图中哪些人情风貌被定格在夜宴中呢?(预设答案:人物超然自适、气度非凡,但脸上无一丝笑意,揭示了内心抑郁和苦闷)(3) 生活趣事的历史尘埃在画中又是如何展现的?(预设答案:市民热衷饮酒,连妇女也饮酒为乐;瓷器品种丰富,一日三餐,围桌用餐)(4) 有学者认为,画中隐藏了“醉生梦死”。请你尝试解读这一历史“谜团”。(预设答案:人物的依依惜别……)

图5-6 《韩熙载夜宴图》(局部)

案例中的“提问”非常有效地激发了师生的学习兴趣,师生会根据这些问题各抒己见,并对“趣味性的问题”展开开放性作答。同一个趣味性问题，可能有多种不同的答案，作答者对问题的看法也是多角度的。提出问题的过程实际上是趣味和心理情绪的动态生成过程，该过程是不断发展变化的，这就需要提问者机智地调整思维的灵活性来把握。

第三，用PTA量表引入“史料情境”的情感体验。PTA量表目标水平3的基本要素是：通过提出情感猜测，推理出不同的猜想可能导致的解决问题的相关答案，根据解决问题的答案反推提出问题的正确性。学会把史料中蕴含的情感体验以文字的形式展现出来，把情感体验的问题按照规定的形式表现出来，并给出语言信息反馈。

图5-7 《步辇图》(局部)

比如，学习《盛唐气象》时，师生欣赏唐朝画家阎立本的名作《步辇图》(如图5-7所示)，PTA量表导引的人文情境及相关问题是：《步辇图》是现藏于故宫博物院的中国十大传世名画之一。作品设色典雅绚丽，线条流畅圆劲，构图错落富有变化，为唐代绘画的代表性作品。图中哪些社会风貌具有珍贵的历史价值？说出你的判断依据。画中景象是如何让人物“形神兼备”的？(预设答案：画中唐太宗威仪有度，面目俊朗，目光深邃，神情庄重；画中唐太宗宽仁可亲，吐蕃使臣诚挚谦恭，更衬托皇帝的端肃平和)

案例中的提问让PTA量表的基本要素自然转化为情感体验，并通过语言提问的形式表现出来。PTA量表引入情感体验，可以将

PTA 量表几个要素合并在一起，建立起一个以 PTA 量表为基础的简单一些的情感价值观评定表，形成一个完整的、独立的基本要素维度，再把情感价值观维度指标转化为有效的提问。围绕 PTA 量表的价值观评价维度的提问，最关键的一步是寻找提问的切入点。提问的切入点，既要符合学生心理体验活动，又要紧密联系教学内容。满足这些条件，提问就会显得不枯燥，从而大大激活学生的内心体验和价值认同。

［本文刊于 2020 年 6 月 10 日《中学历史教学参考》］

高中历史对话教学中的“问题”艺术

高中历史新课程进入课堂已有好多年时间了，广大教师都在认真学习、积极探索，努力改变自己的教学方法，精心营造民主、平等、宽容的教学氛围，鼓励学生主动、自主、生动地参与教学过程，力求使自己的课堂教学贴近学生实际，符合新课程理念。

走进课堂发现确实变了：教师不顾“师道尊严”，穿梭于学生之间，扮演着学习指导者的角色，时刻提醒自己应是“平等的一员”；学生不再“被动接受”而是活跃于同伴合作，享受着学习主动者的权利，时刻不忘自己才是“学习的主人”。课堂不再“沉闷乏味”，师生之间、生生之间你问我答、你议我论、坦诚交流、大胆争论，呈现出一番热闹景象。教学不再是教师的“独白”和“传话”，而是师生的“共鸣”与“对话”。

但面对课堂教学中滚滚而来的“对话浪潮”，笔者不禁想问，那些浅显直白、漫无边际的只求热闹、近似“聊天”式的问答是对话教学吗？我们到底该如何有效地开展对话教学？

一些学者指出，“对话教学是教学过程中的主体借助有意义的交流，不断探究和解决教学中生发的问题，以增进教学主体间的理解，提升师生教学生活质量的过程”。其中“有意义的交流”就是“对话”，我们从中可以清楚地认识到，教学中的对话既不能像聊天式的交流，也不是相互间的畅谈，虽然畅谈与对话都是由发问和回答组成，但畅谈的话题是可以随意变更的，常常是海阔天空地漫谈一番，谈话的主题随心所欲，听凭言谈者自由选择。而教学中的对话有明确的主题，它是在教学过程中(更多地体现在课堂教学中)教师和学生围绕“教学中生发的问题”，展开自由、平等、真诚的交流。畅谈意在交流、重在过程，它不计较交谈后有没有解决什么问题。而教学对话则不同，它有明确的任务(完成历史课程标准规定内容)，它是一种直接指向发展和新的理解的行动，它能增长知识、增进理解，其最终目标是实现师生共同发展。

关于对话教学最终目标的问题，早在20世纪60年代末，巴西著名教育家保罗•弗莱雷就在其名著《被压迫者教育学》中指出，教育本质上就是一种交流，就是一种对话。通过对话，传统教育中的“教师”和“学生”这样的称呼已不复存在，而新的称呼则随之出现，即“教师学生”和“学生教师”。教师在与学生进行对话中也能从学生身上学到一些东西，也得到了发展，从而使师生合作共同发展。

保罗•弗莱雷进而指出要使对话有成效，提问是关键。教师不只是知识的传递者，而更应成为问题的提出者；当然，教师在提问时不能只提一些形式化的问题，要提出能激起学生思考的问题，要激励学生自己提出问题，通过提问，学生不仅仅回答问题，更重要的是要学会对答案提出疑问。对话自始至终都是围绕问题展开，所以从某种程度上来说，教学对话的成效最终取决于问题的质量。

因此，在高中历史对话教学中，教师首先要思考的问题就是：

一、提什么样的问题?

也就是说，什么样的问题才是高质量的？笔者认为，高质量的问题应符合以下四项“基本原则”。

1. 激励性原则——让学生产生对话的渴望

问题的激励性指问题能激发学生认真学习、积极思考、主动探究、渴望交流。

科学研究表明，一个人做其感兴趣的工作，他的全部才能可发挥80%以上，做不感兴趣的工作只能发挥20%。学习也是如此。一旦学生的学习动机和学习兴趣调动起来了，他们就会表现出极大的热情，积极参与教学，主动地完成学习任务。而学生的学习兴趣、学习意愿总是在一定问题情境中发生的，因此在教学中要注意努力创设问题情境、精心营造对话氛围，只有这样学生的对话意识才能被激活，且愿意参与问题的探讨。我区吴县中学的罗艳松老师，在上人教版必修三第五单元第3课《现代中国教育的发展》时，一开始就用多媒体向同学展示三组照片(分别是吴县中学在20世纪60—80年代、20世纪90年代到21世纪初以及新校园的照片)，然后教师提问："这是哪所学校？从三组照片上我们可以看到学校发生了哪些变化?"回答这两问后，又请其他同学补充他们所了解的吴县中学，以此调动学生参与对话的积极性；最后教师指出：这是吴县中学在三个不同时期的发展史，吴县中学校园的变化代表着吴县中学的发展史，作为中国现代教育的一个缩影，吴县中学的发展史也代表着现代中国教育的发展史，那么中国现代教育经历了一个什么样的发展历程？取得了哪些成就？由此导入新课，师生再进入下一轮对话。这样从近到远、由小到大，切入中国教育发展这一主题，从学生熟悉的校园引出一个大家乐于探究的话题，激发了学生探究解疑的兴趣，在师生、生生对话中，促进了学生的有效学习。

对于如何创设问题情境，有学者概述了以下七种主要的方法：①联系生活展现情境；②运用实物演示情境；③借助图画再现情境；④播放音乐渲染情境；⑤扮演角色体会情境；⑥锤炼语言描绘情境；⑦结合实际优化情境。这些方法富有实际操作性，也是完全适用于创设历史教学情境的。

2. 开放性原则——为学生创设对话的平台

开放性一般指问题答案不唯一、多样化，即存在多种可供选择的、灵活多样的答案；而对话教学下的问题开放性更强调问题选择要面向全体学生，即问题应照顾到不同层次的学生，以便每个学生都能参与对话。

对话教学不仅有师生之间、生生之间的对话，也有教师与文本、学生与文本的对话，但无论哪一种类型的对话，都是为了增进师生的相互理解与共同发展，更重要的是为了每个学生自主、自由、和谐的成长；如果问题的设计只照顾一部分学生（而且通常情况下我们的教学都是偏向照顾中等水平以上的），这必将使教学活动从起点上就有失公平，影响其他学生参与对话教学的主动性与积极性。在这样的教学情境中，即使有所谓的“对话”，也是发生在处于强势地位的学生与教师、文本之间，处在边缘地位的学生很难在这些问题中找到属于自己的话语权，他们在这样的对话教学中只会沦于“失语”或“哑语”的状态。因为这样的问题对他们来说，自始至终都是封闭性、排斥性的。

开放性问题的设计思路要新颖，要注意创设问题情境、变换设问角度、采用不同方式加以表述，不给学生的思维设置任何条条框框，使学生可以从正面、反面、侧面多途径思考，纵横联想所学知识，以适应学生发展的水平差异；问题涉及的知识面要宽泛，可联系学生生活、社会现实、时事热点等方面内容，解决问题所需的历史知识储备要顾及不同层次的学生，可以不局限于历史教材，甚至可以综合语文、政治、地理等多学科知识，以使所有学生都能参与对话；问题的答案不唯一或无固定答案，允许学生对问题有多种解释或结论，鼓励学生从不同角度、不同途径思考，得出不同乃至于相反的结论和观点，鼓励学生敢于质疑，大胆发表自己的见解和主张，向“既成结论”和“权威观点”挑战，使学生“有话可说、有话敢说”，这才是真正意义上的教学对话。

开放性问题的来源，首先应依托课本，便于全体学生参与。目前根据新课标编制的四个版本的新教材，虽然在问题设计的栏目名称、形式上有所差异，但这些栏目不同程度地都给开放性教学提供了帮助，关键是教师如何在教学实践中恰当使用。以人教版为例，无论是每课开始前的“导言”，还是课文中的“资料回放”“历史纵横”“学思之窗”等，或是课文后的“阅读与思考”，只要教师根据教学需要加以适当改造都可以形成开放性问题。至于“百家争鸣”这一栏目问题几乎可以现成搬用，如必修二第六单元第2课《罗斯福新政》这栏教材编排如下：对于罗斯福新政的作用，多年来中外学者有着不同的评价。（列举四种评价观点，略）进一步查阅有关资料，就上述观点进行讨论，并阐述自己的观点。其次可借用前几年现成的高考试题或其他类似问题，如“洋务运动的功过评价”“戊戌变法性质是革命还是改良”“辛亥革命是成功还是失败”等等。当然，最关键的还是教师平时要养成关注史学研究动态（主要是与自己教学相关的）的习惯，认真学习并收集好相关材料，丰富知识，更新观念，做到与时俱进，从而在为与学生对话作积累的过程中，自己首先实现与大师（文本）进行对话，通过对话使自己的学识水平得以提高，加快自己的专业成长。

3. 挑战性原则——让学生在对话中获得发展

对话教学以问题为起点，以问题表征和问题探讨为指向，由此达到学生知识建构的目标。因此，以对话形式解决问题是对话教学的核心特征。对话教学中的问题必须能激活学生的内在动机，即问题具有“挑战性”，有相对的难度与深度，以达到激趣引思的效果，使学生有能力且愿意参与对话，解决问题。这样的问题才是真问题，问题焦点也才能成为对话教学的轴心，才可真正融汇到教学中并产生导向作用。

人们常说“挑战与机遇并存”，但挑战性问题不一定都能成为学生发展的机遇。问题能否由挑战转化为机遇，取决于学生意愿、体现为学生发展；所以问题能否激发学生挺身“应战”，学生是否具备“应战”水平，成为挑战转化为机遇的关键。对此设计问题时必须遵循苏联心理学家维果茨基的“最近发展区”理论，关注学生两种发展水平：一是现有的发展水平；二是可能或即将达到的发展水平。在围绕问题展开对话时，最大限度地实现每个学生的发展可能性，让学生通过“应战”获得发展的机遇，即在原有发展水平基础上，达到一种超越原有状态的新的发展阶段。

在上人教版必修二第五单元《新航路开辟、殖民扩张与资本主义世界市场的形成和发展》时，笔者提供这样一则材料给学生：1992年，正值哥伦布开辟新航路500周年之际，美国明尼苏达大学法律系对哥伦布进行了一次审判。身着15世纪服装的12人陪审团进行了3个小时的审理后，一致裁定："被告克里斯托弗·哥伦布，现年541岁，意大利人，在500年前犯下了谋杀、剥削奴隶、专制、灭绝种族的屠杀、给未成年者定罪、强奸及搞国际恐怖主义等7大罪行。有鉴于此，哥伦布被判处350年徒刑。……虽然他的确是个恶劣的人，……哥伦布的行为是非正义的，但客观上起着进步作用……对全人类来说是功大于过。"

同时设计了以下问题：法庭为何要判哥伦布长达350年的徒刑？又为什么说他"对全人类来说是功大于过"？你认为这样判决前后是否矛盾？为什么？如果由你来进行审判，你会如何判决？上述材料角度新颖，容易激发学生对话的兴趣；问题设计层层递进，富有挑战性，学生要参与对话，必须对哥伦布的航海活动有一个比较全面的了解，即在原来仅仅了解其航海基本史实的基础上，还必须掌握其航海活动产生的前因后果，同时还必须学会如何正确分析、运用这些知识（证据），以比较客观、公正地进行评判。当师生围绕这样的问题展开对话时，挑战就转为机遇，学生也因此获得发展。

4. 生成性原则——让学生养成对话的意识

生成是新课程提倡的一个重要的教学观念，生成是相对于"预设"而言，"预设"是预测和设计，是教师在课前对课堂教学进行有目的、有计划的设想和安排；教学是有目标、有计划的活动，同时，教学的运行也需要有一定程序，因此预设是教学的基本要求。但过分强调预设，会导致课堂教学变得机械、沉闷和程序化，缺乏生气和乐趣，缺乏对智慧的挑战和好奇心的刺激，使师生的生命力在课堂中得不到充分发挥。而生成则不同，"生成"是生长和建构，是师生在与教育情境的交互中以及对话互动中产生的超出教师预设方案的新问题、新情况。钟启泉教授曾说："从生命的高度来看，每一节课都是不可重复的激情与智慧的综合生成过程。"[③] 有生命力的课堂就是"生成"的课堂。预设是必须的，生成则更为重要，没有预设的生成是盲目的，而没有生成的预设则是低效的。

生成性问题就是课前没有预设到的问题，一般而言，问题的生成主要有三种途径，一是学生自发生成，二是教师机智生成，三是师生共同生成。就对话教学的特点而言，我们偏爱第三种途径，因为第一种很容易使对话成为强势学生的“天下”，从而有违问题的开放性；第二种往往最后落入“陷阱”（表面生成实为预设）；而第三种既有利于学生主动参与、提出问题，从而养成问题意识、对话意识，也有利于教师参与讨论、点拨指导，优化问题设计，提升对话效益。

生成性问题由于“事发突然”，属于“节外生枝”，这对教师教学智慧是一种考验，它需要教师不仅要有敏锐的问题意识，而且要有准确判断问题价值的能力。对课堂上不能及时处理的有价值的问题，应鼓励学生利用课余时间做进一步的探究，并在以后的教学中加以重点讨论；让学生带着问题走出课堂，走进图书馆、访问因特网，使对话从课内延伸到课外；当学生带着收获回到课堂再次对话时，这时的生生对话、师生对话、师生与文本的对话必将洋溢着“生命的精彩”。这方面成功的教学事例很多，尤其是作为研究性学习案例经聂幼犁先生点评后在《历史教学》上加以发表的，如“真的是李鸿章卖的国吗”“辛亥革命是成功还是失败”“火烧曹宅对不对”等等，产生了较大的影响。

如学生面临问题，呈现出这样的学习状态：课前期待对话，课堂参与对话，课后回味对话，这样的状态肯定有利于教学，由此展开的教学对话，必将是有效的对话教学，而这正是我们所追求的。

教师明确了应该“提什么样的问题”之后，下一步要思考的，就应该是：

二、怎样提出问题？

历史问题教学已成为当前比较时兴的教学模式，课堂提问不仅是教师了解学生、因材施教、有的放矢实施教学的重要手段，也是教师集中学生注意力，激发学生兴趣，推动学生积极思考，引导学生把握学习内容，提高学生分析综合、表达应用等能力的基本方法，更是培养学生问题意识、创新意识、创新能力的一种有效途径。

但走进课堂却不难发现如下现象：有的提问过浅，学生随口而出，看似热闹，其实“无须动脑”；有的提问过深，学生很难回答，课堂气氛沉闷；有的提问表达含糊，令人理不清头绪，无从回答，闹得师生彼此尴尬；有的提问形式单调，提不起学生兴趣，令人索然无味。究其原因，主要还是教师提问不当所致。我们听到了“发明千千万，起点是一问”的呼唤，认识到课堂提问的重要性，但忽视了“智者问得巧，愚者问得笨”（陶行知语）的教诲，丢失了课堂提问的艺术性。而“没有艺术的教学，是枯燥的；没有艺术的提问，是乏味的”。身为教师理当成为“善问”“巧问”的智者，只有把握以下六“度”，才能问出精彩。

1. 控制密度，注意适量，合理布局

密度是指教师一堂课中提问的数量或频率。我们反对传统教学中教师的一讲到底，也反对缺乏启发性的整堂提问，因为“满堂问”和“满堂灌”一样只会令学生产生厌烦情绪。课堂提问的密度虽无绝对标准，但有基本的准则，就是课堂提问必须根据教学需要，按照教学程序、课堂结构，围绕教学重点、难点，从学生的学习需要出发，精心设计；要注意适量，每一问之后要留足让学生思考、讨论的时间，以有利于学生积极参与、活跃思维。

一堂课设计多少问题、什么时间提问、提问采用什么方式都要做到合理布局，这就要把历史课堂教学看成一个整体，把课堂提问作为其中一个重要组成部分。古希腊哲学家亚里士多德有句名言：“整体大于部分之和”，而系统论大师贝塔朗菲认为“整体等于部分加联系”，这告诉我们只有发挥整体效益才能收到最好的效果，只有加强部分之间的联系才能发挥整体效益。因此我们在设计课堂提问时首先要从整体出发，服从课堂教学整体安排，该问才问；其次要把课堂提问这一局部也作为一个整体来对待，使每一次提问之间有一种内在的联系，从而发挥其整体优势，以期收到最大、最佳效果。如在学习英国工业革命这一节时，可围绕工业革命这一问题从以下方面设计提问：什么是工业革命？为什么工业革命从英国开始？工业革命是如何开始和扩展的？工业革命有什么意义或影响？

2. 设置坡度，先易后难，层层启发

所谓设置坡度，就是在提问时，做到先易后难，由表及里，由简到繁，由浅入深，层层递进，步步深入，环环相扣，体现出知识的严密性、科学性、条理性，把学生的思维一步步地引向求知的新高度；使学生在教师提问的诱导下，不断提高知识应用能力、分析综合能力，进而培养学生历史思维能力。

如在学习“西安事变”这一内容时，教师可设计以下一组提问：张学良、杨虎城为什么要发动西安事变？中国共产党为什么主张和平解决？和平解决有无可能？对谁有利？和平解决有什么重大意义？联系土地革命时期国内外形势的发展，分析中国共产党对蒋介石国民政府政策的变化，说明其政策变化的哲学依据，并从中得到什么启示？

3. 找准角度，把握时机，激发兴趣

所谓找准角度是指课堂提问要把握从何处提问、何时提问、怎样提问，以及引导学生从不同层次、方位思考问题。

这要求课堂提问从三方面考虑：一是从教材出发，安排设计好课堂提问，通过对教材的深入研究，在把握历史阶段特征、历史线索、历史知识的内在联系和新旧知识联系的基础上，“发现”和确定能力培养和训练的方向，有针对性地设计出环环相扣的有水平的提问，如知识重点处、难点处、联系处、规律处。二是从学生出发，教师要注意观察学生课堂反应，根据学生在学习过程中显示出的心理状态来加以把握，选准角度提出问题，如当学生疑惑不解时、学生思维受困时、学生精力分散时、学生心情振奋时。三是从问题出发，适时调整提问角度，引导学生多角度、多途径、多方面、立体式地分析问题，培养学生求异思维、发散性思维和综合应用知识能力。同时，设计问题力求新颖别致，富有新意，使学生喜闻乐答，激发他们的学习兴趣和求知欲。

4. 挖掘深度，揭示本质，培养深刻

挖掘深度是指课堂提问不能局限于浅层次的提问，满足于知识性的一问一答，要让学生不仅知道“是什么”，更要理解“为什么”，进而悟到“说明了什么”，使学生在思考、回答问题过程中活跃思维，得到启发，增长智慧。

英国哲学家培根早就说过“学史使人明智”，此“智”不是单纯的知识，而是智慧；“明智”就是明白事理，增长智慧。“学史使人明智”，是希望人们要“以史为鉴”，“前事不忘，后事之师”，课堂提问当然要发挥其明智功能。但浅显的提问，往往收效甚微，因此在必要时应增加难度，当然，课堂提问的难度以适合学生的心理认知能力为标准。要使学生经过一段时间认真思考后能回答得出，使学生思维强度达到“临界状态”，咀之有劲，品之有味，能理解到更深奥的知识，揭示历史事实的本质，把握其规律，从中培养学生思维的深刻性，达到明智的目的。

5. 拓展广度，构建体系，面向全体

所谓拓展广度，包含两层意思：一是指问题涉及知识面广，二是指提问要面向广大学生。

知识的广度是指教师提问要注意新旧知识的联系和前后内容的连贯，要注意把学生现有的知识充分调动起来，打开学生思路，开拓他们的视野，以帮助他们解决问题，并在这一过程中，使学生知识得到梳理，纵横交叉，形成网络，构建学科知识体系。

面向广大学生是指课堂提问要面向全体学生，关注每一位学生。要设计出可供不同水平和不同能力学生回答的问题，从易到难，从具体到抽象，从个别到一般，以满足不同层次学生的要求，使全班学生人人都处于思考问题、参与讨论问题、回答问题的积极状态，热情参与，并各有所得，真正做到因材施教。

6. 关注热度，贴近生活，走向社会

热度就是学生对社会生活中热点新闻、事件的关心、兴趣程度。这要求课堂提问要联系社会现实中的重大事件，要注意和学生生活实际结合起来。

一方面由于联系现实，贴近学生实际，便于激发学生学习兴趣；另一方面有利于引导学生关注社会，培养学生社会意识。而后者是关键，因为“使人理解过去的社会，使人增加掌握现在社会的能力，这是历史的双重作用”。历史学习的过程，不但是使学生认识历史的过程，而且也是使学生了解社会、认识社会的过程。只有使学生正确地认识社会，才能使他们在未来走向社会时，能够融于社会，适应社会，并且改造社会。如在讲述相关历史内容时，可联系学生比较关注的伊朗核问题、伊拉克战争、巴以冲突、“9·11”恐怖袭击事件等设计问题，供学生思考、讨论。

由于此类历史问题比较注重补充新材料，创设新情境，提出新问题，具有现实性、开放性的特点，因而有利于提高学生的综合应用能力、社会实践能力，有利于培养学生的创造性思维。

教师在明确了应该“提什么样的问题”，思考了“怎样提出问题”之后，最后还应关注的是：

三、问题去向哪里？

爱因斯坦说：“提出问题比解决问题更有价值。”问题提出来了，最后总可以得到答案。如果连问题都没有，那还有什么解决的希望呢？

有的家庭在送孩子入学时，会说：“孩子，今天上学，给老师提两个好问题。”越来越多的老师，上课时都会说：“有什么问题吗？”有的家庭，孩子每天放学回家，妈妈都要问：“给老师提了什么问题？提了几个？”而另外一些家庭在送孩子上学时，则会说：“好好听老师的话。”

这是很小的差异，却也是很重要的差异。

李政道博士在和北京中学生座谈时，为中学生题词：“求学问，需学‘问’。只学答，非‘学问’。”

我国的教育习惯于把问题结束在课堂上，最常见的情况是：学生自己头脑中没有问题，待老师提出问题之后，大家一起在课堂上解决，学生不带着问题来，也不带着问题去，问题的起点和终点甚至中间的过程都由老师决定。而西方的教育，却常常可以看见这样的情形：学生带着自己的问题来，大家在课堂上一起讨论，即使问题能够得到解决，学生还会带着新的问题离开，旧问题的解决开启了对新问题的探索。

我国的教育主张让学生从有疑到无疑，西方的教育注重让学生从有疑到无疑再到新的有疑。所以，在西方，“问题”也是一种可持续发展的资源。

高中历史对话教学中的问题，不应该终止于课堂，教师不是问题的终点站，而是中转站。所以教师最后还应当思考的是：问题去向哪里？这个问题是消化在了我的这个课堂上，还是潜沉进了学生心里；它是已经结束了，还是正在开启一个新鲜的问题；它是一个点的完成，还是一条线乃至一个面、一个体的开端。

不久前听了一节高三历史课，教师课前准备很认真，还制作了课件。教学的核心是分析学生错误集中的试题，让学生说出做题时的思路，然后讨论，教师适时点评、指导，最后用投影的方式解析思路。这种类型的讲评课是比较普遍的，虽然总体感觉不错，但学生似乎缺乏思考兴趣。教师在讲评一道有关林则徐的选择题时，就题论题，将问题结束和停留在了标准答案上，显示出高三复习的机械性，留下的遗憾值得研究。这道题是：

19 世纪 60 年代末，王韬（近代中国早期维新派代表人物）在评价近代某人时说："盖禁烟启衅，虽始自林，而因此得通商五口，皆其功也……"这里的"某人"是：

A. 李鸿章　　B. 琦善　　C. 林则徐　　D. 左宗棠

大多数学生选择 B 项。因为五口通商是《南京条约》的内容，与李鸿章、左宗棠无关，而排除 C 项的理由主要是：(1) 签订不平等条约是耻辱行为，林则徐是民族英雄，反对外国侵略，根本不可能答应侵略者；(2) 战争开始不久林则徐就被革职查办，由琦善与英方议和，因此五口通商也与他无关；(3) 林则徐与王韬都主张向西方学习，都是先进中国人的代表，王不会如此评价林；(4) 材料引文"虽……而……"是转折意思，明显排除林则徐；(5) 材料中的"功"是反话、恶说，实质是指罪过。

教师的解释是：王韬是早期维新派代表人物，主张发展民族工商业，力主中国全面开放通商，与外国进行商战，抵御外国经济侵略。因此认为林则徐禁烟引发战争，最终导致五口通商，正是其功绩所在。

投影用文字解析思路：虎门销烟是鸦片战争的导火线，中国战败后被迫开放五口通商，再据引文中的"始自林"，答案为 C。

教师并没有针对学生的思路讲评，也没有回应学生的观点，只是说明了自己的理解。如此，学生没有从中得到提高，思维水平仍停留在原点上。高三教学也要贯彻素质教育，应试高考也需要提升学生的学科思维水平，二者并不矛盾。事实上，教师可以让这个问题走得更远。

以笔者之见，教学首先应从此题的材料来源入手。材料源自《早年英国人心目中的林则徐》一文，原文如下：

> 十九世纪六十年代末，王韬有两年多时闲在的欧洲漫游生活。他在著作中记下了在蜡像馆见到“林则徐夫妇”的情景：“甫入门，即见有华人男女各一，侍立门侧，若司阍然。男则衣冠翎顶，女则盛服朝裙。余惊询何人，以林文忠公对。盖禁烟启衅，虽始自林，而因此得通商五口，皆其功也，故立像以纪其始。”（注：蜡像馆是指创建于1835年的伦敦杜莎夫人蜡像馆）④

试题引用材料时省略了“故立像以纪其始”，这样就将“盖禁烟启衅，虽始自林，而因此得通商五口，皆其功也”转换成王韬的评价语，改变了材料的原意。实际这是王韬记录的英国人回答为林则徐立像的原因。尽管王韬主张中国开放通商，但是“禁烟启衅，虽始自林”显然是批评之意，说林则徐不该禁烟、挑衅英国。王韬有这样的想法吗？学生不知道，只能推理。这道题本身不严谨，但学生的推理有逻辑性，也联系了史实，应该肯定。

如果到此为止，学生可能会抱怨命题者，但这不是教学的目的，错题也可以正用。为什么英国人要给林则徐塑像？因他禁烟引发了战争，导致中国开五口通商，侵略者是嘲讽林则徐，还是敬佩林则徐？由此引发学生的探究兴趣，产生知识的矛盾和思维的困惑，这个获知真相的过程很有意义。

英国蜡像馆制作的第一位中国人是林则徐，在传统说法中，我们认为英国人是因为敬佩林则徐，才为之塑像的，这符合我们的逻辑，也能满足我们的情感。因为自从中国有了雕塑那天起，从来都是给正面人物塑像，留给后人瞻仰。负面人物只有像杭州岳庙前跪着的秦桧夫妇那样，遭人唾弃。如果材料解释的原因是真实的，那么，为什么我们长期以来都认为英国人是因为敬重林则徐才为之立像呢？

这一说法是主观臆造，还是事出有因、有案可据？这篇文章提供了答案。

> 数年之后，刘锡鸿也来到了这里。他的记载是："入门右首，则林文忠公（则徐）像也……文忠前有小案，摊书一卷，为禁鸦片烟条约。上华文，下洋文。夫文忠办禁烟事，几窘英人；然而彼固重之者，为其忠正勇毅，不以苟且图息肩也，可谓知所敬。"[④]

刘锡鸿，广东番禺人，晚清第一批驻外使节，1876 年随郭嵩焘出任驻英副使，著有《英轺私记》一书。刘锡鸿在书中描述了所见西方的近代文明，但他的认识很肤浅，思想前后矛盾，既敬佩英国社会福利和富裕，又反对向西方学习，回国后领衔反对建设铁路。书中记载，他刚到英国使馆安顿下来，就有英国的禁烟会上门联络，告诉郭、刘，禁烟会在议会中多次倡议严禁贩卖鸦片，认为"鸦片流毒中国，英人不能不扪心自愧"[⑤]（P109）。刘锡鸿年轻时参加过第二次鸦片战争抵抗侵略。他将民众的友好表示等同于殖民者的本质，认为"英国官绅以行善为志，息兵安民为心""非专恃强力者"[⑤]（P206）。他不懂，英国社会不禁止思想，每个人都有表达的自由。在决定是否发动鸦片战争的议会上，也有很多反对者。但鸦片带给英国的利益亦能驱使议会再次通过使用武力的提案。

刘锡鸿的记载是他自己的理解。他的理解是由他的思想推定出来的。他认为林则徐忠诚、正直、勇敢、刚毅的品格，不敷衍了事、推卸责任的作风得到了英国人的赞赏，塑像表达的是他们对林则徐的敬意。

从情感上来说我们愿接受这样的解释，但是，实事求是地分析，这个材料仍不足以说明英国人对林则徐的态度。这样的引导是不是能让学生的思维进入更深层次？

理性告诉我们不能回避王韬的记载，更没理由加以否定。两位人物前往英国，前后时间相差不到十年，为什么会有如此不同的解释？是因为他们的身份不一，一位是民间游学人士，一位是清政府的外交官，或许蜡像馆的人因他们的身份不同，而作了前贬后尊的两种解释；抑或是两位立场不一，王韬主张实业救国，刘锡鸿反对洋务，固守“仁义忠信”，所以他们的记述才有如此差别。这样再提出问题，进一步激发学生深入探究的兴趣，应该是我们所要追求的，历史课程成功的关键之一是培养学生的持续兴趣，也就是为终身学习打下基础。教师再往下介绍，相信学生会更感兴趣。

当时在英国见过林则徐蜡像的中国人并非仅有上述的二人。1868年清政府派出由前美国驻华公使蒲安臣带领的“中国使团”出访欧美，使团成员总理衙门官员志刚、翻译张德彝，到英国后都去拜见了仰慕已久的“林少穆”（林则徐字少穆），并各自记录在自己的《初使泰西记》《欧美环游记》中，但两位都没有记载英国人给林则徐立像的原因。

史料只论真假，不问国界。换个角度再去搜索，既然我们的材料中没有，那么在当时的英国，有没有关于塑像原因的记载呢？

> 笔者日前读《影像中国——早期西方摄影与明信片》（何伯英著，香港三联书店二〇〇八年九月出版）一书，为这个问题找到了可信的答案。该书中有一幅插图，是杜莎夫人蜡像馆展出林则徐蜡像时派发的宣传单张，主图为穿着清朝服饰的一男一女相对而立的画像，背景是当年在欧洲流行的“中国风”庭园景色，单张上以大字印着“钦差大臣林则徐与他钟爱的配偶”，再仔细读那些较小的文字，赫然发现这样字句：“对华战争的始作俑者”，“二百五十万英镑英国财产的销毁者，他和他的小脚老婆是唯一在我国被展示的这类人物”。其中所谓“英国财产”是指被林则徐销毁的鸦片。这就是当年英国人心目中的林则徐，言语中透露出的是轻蔑、嘲讽与仇视。由此看来，王韬所述基本接近史实，尽管这让许多中国人很伤心，但却是那时英国人对林则徐的真实评价。④

当这则材料呈现给学生的时候，我们可以想象，学生脸上流露的表情以及内心复杂的想法。答案有了，可英国人为什么会这样呢？这一答案也很清楚，就在文中“那时英国人对林则徐的真实评价”。

林则徐虎门销烟，反对英国侵略，维护的是中华民族利益，我们视之为民族英雄；但站在英国人的角度，当时林则徐的行为则损害了他们的利益，他们视之为敌，也在情理之中。

那么，英国人是不是都这样看待林则徐呢？有没有敬佩林则徐的？这也要用材料证明。曾任英国驻广州领事、后来挑起第二次鸦片战争的元凶包令，内心对林则徐就充满了敬意。在 1851—1852 年合刊的《皇家亚洲协会中国分会会刊》上，刊有他写的《钦差大臣林则徐的生平及著述》一文，赞扬林则徐是“中国政治家中最卓越的人物”，他“太伟大了，不会被人遗忘”。⑥看来事情不那么简单。假如用非此即彼、非敌即友的斗争哲学分析，这太不可思议了。然而这才是历史。历史就是这样复杂和诡谲。

求真求实，是历史教学的原则。培养历史思维就必须让学生了解历史的多面性。1928 年，国际联盟在国际禁烟会议上确定把虎门销烟开始的 6 月 3 日定为“国际禁烟日”；1987 年，联合国第 42 届联大又把虎门销烟完成的翌日 6 月 26 日定为每年的“国际禁毒日”；1997 年，一座高 3.2 米的林则徐铜像矗立在美国纽约市的华埠中心。这也是历史。由此可见，世人对历史进步的追求超越了社会制度的差异。

试题讲评课若停留在应试层面就会味同嚼蜡；但只要精心设计，同样能使学生在问题中成长。

让问题潜入学生的心里，不断开启一个又一个新的问题，从而拉动更多角度、更多层面的丰富而深刻的思考，帮助学生逐渐形成独立而成熟的认识论和世界观，这才是真正有价值的“问题”艺术。

巴尔扎克说过：“打开一切科学的钥匙都毫无异议是问号。”教师只有自己掌握了这把钥匙，并且引导学生寻找到这把钥匙，才能让高中历史教学焕发出它独有的艺术魅力，才能帮助学生深刻地认识历史，认识社会，认识自我，为他们的终身发展奠定生命的根基。

参考文献

①郑金洲：《对话教学》，福建教育出版社 2005 年版，第 23 页。

②朱德全、王梅:《对话教学的模式与策略探析》,《高等教育研究》,2003年第2期。

③钟启泉,崔允漷:《为了中华民族的复兴　为了每位学生的发展〈基础教育课程改革纲要(试行)〉解读》,华东师范大学出版社2001年版,第278页。

④司徒一凡:《早年英国人心目中的林则徐》,《文汇报》,2008年11月4日。

⑤刘锡鸿:《英轺私记》,岳麓书社1986年版。

⑥陈冰:《林则徐:向西方列强亮剑的民族英雄》,《深圳日报》,2008年5月6日。

[本文发表于2008年1月《中学文科(教研论坛)》]

第三节　我的教考研究

"一纲多本"的历史教材与高考命题创新

以新课程改革为契机,历史教科书使"一纲多本"成为现实,个别出版社"一统天下"的局面被打破,历史教科书的质量和服务也得到了很大提升。面对全球化的挑战,2003年3月,教育部颁布了普通高中课程方案和16个学科的课程标准。新课程标准的特点是:"(1)继承我国教育的传统优势,强化创新精神和实践能力的培养;(2)减轻学生负担,调减学科课程的课时,增加思想品德体育艺术的课时;(3)增加课程的综合性、开放性,新设综合实践活动、科学、技术。"[①]力求在满足新课程标准的基本要求的前提下,实现历史教材多样化,适

① 钟启泉:《一纲多本:教育民主的诉求——我国教科书政策述评》,《教育发展研究》,2009年第4期。

应不同地区的教育需要。但是,“一纲多本”下的新课标历史高考,比较伤脑筋的是如何确定考试范围,这是影响课改减负增效的最实际问题。本文重点探讨“一纲多本”下的历史高考命题创新。

一、“一纲多本”历史教材体现的教育精神

历史教材走向“一纲多本”,其间的教育意义至少有以下几点。

推进教育民主化的诉求。“一纲多本”的教材政策,指的是由教育部制定、颁发统一的课程标准,然后遵照课程标准,开发经审定的多样化的教材。这里既有落实基础教育共同目标的刚性,也有各地区实现共同目标手段的弹性。“一纲多本”的历史教材政策是我国基础教育从“应试教育”转型为“素质教育”之必需。目前,我国教育面临人口众多、学生学力悬殊的情况,“一纲多本”的教材政策有利于顺应地区差异、学生多元发展及历史学科知识的及时更新。而且,“一纲多本”的教材政策也是当今世界各国的共同趋势。归根结底,“一纲多本”的历史教材政策,是基础教育的本性所决定的。所以,钟启泉先生评论“一纲多本”时说:“从根本上说,这种趋势是由儿童教育的本性所决定的。儿童是多元智慧的存在,他们拥有与生俱来的不可剥夺的‘学习权’。保障每一个儿童的‘学习权’是社会进步的表征和教育民主的体现。[①] “一纲多本”历史教材政策的落实,无论对于教材编写和出版,还是对于一线历史教师来说,都是前所未有的巨大挑战。

提升历史教材质量的追求。20 世纪八九十年代,人民教育出版社的历史专家,既是教学大纲的起草人,又是教材的编撰者,同时还是教育部教材审定委员会的成员,因此可以说,历史教材就是具体化的大纲。历史教师即使不看大纲,只要能够把握教材、“吃透教材”,就可以完成教学任务,就等于贯彻了教学大纲,落实了国家对学科教育的要求。久而久之,教材编写者只熟悉教材中的知识和结论,思维

① 钟启泉:《一纲多本:教育民主的诉求——我国教科书政策述评》,《教育发展研究》,2009 年第 4 期。

模式化、简单化，一线教师的教学也缺乏创新性。这种做法在当时有其必然性和必要性。“一纲多本”打破了单一的局面，促进了教材质量的提升。具体来说，任何课程的开发都离不开“课程标准一教材编写一课堂教学”等环环相扣、循环往复的环节。然而，这些环节之间总是存在落差的，这些落差需要借助学术探讨、提高历史专业水平来缩小，如教材与教学之间的落差需要借助历史教师研修来弥补。“一纲多本”教材，有助于促进各个有落差环节之间的互动，有助于促进有个性特色的历史教材开发，最终形成教材质量节节提升的“和而不同”的历史教材世界。

教师教育角色转型的倡导。实行“一纲多本”做法之前，历史教师们普遍重教材、轻大纲。很多学校也不为教师配备教学大纲。历史教师将教材神圣化，忠实地教“教材”，在教材开发方面没有任何主动权。“一纲多本”政策实施以后，任何一种版本的历史教材不再是课堂教学的唯一依据，更不是高考的唯一考本。可以说，历史教材转型到“一纲多本”后，历史教师一系列的教育理念，如教学方式、学科概念等都需要重新建构。历史教师的教育任务不是教“教材”而是用“教材”教。教学的重点也不再是历史教师的“照本宣科”和学生对教材“知识”的机械背诵，而是教与学的经验生成与创造。在“一纲多本”实施过程中，对历史教材进行适度的增删、调整和加工，从而使之更好地适应具体的教学情景和学生的学习需求，成为历史教师的主要任务之一。历史教师对“教材”创造性和个性化的活动，自然形成了“教师教育角色”的转型。这种转型依托于对“教材”的二次开发。换言之，历史教师“二次开发”就是对专家编写“教材”一次开发的创新使用。“它以既有课标、教材为依托，基于课标、教材，又超越教材，可以从三个向度上展开：一是对既有课标、教材灵活地、创造性地、个性化运用；二是对其他素材资源的选择、整合和优化；三是自主开发其他新的教学资源。”[①]新课程改革的实践使得众多历史教师逐渐认

① 俞红珍：《论教材的“二次开发”——以英语学科为例》，华东师范大学 2006 年博士学位论文。

识到，不可以将课程实施简单理解为“把现成的教材知识灌输给学生”。历史教材不再是一种普适性的预设，需要在课堂教学之前，根据学生的实际重新作出预设。

推动高考命题改革的呼吁。陆续进入高中课改的省市区，都要求自主命题，高考的矛盾将由地方解决，高考问题将变成局部的地区问题。历史高考命题的依据，不是某种版本的教材内容，而是课程标准（考试大纲）的要求。这就意味着，“教师教历史教材一学生背历史教材一考试考历史教材”的应试教育规则将受到极大冲击。理论与实践相互依存，“一纲多本”的高考命题，必然要求命题注重从实际出发，强调理论为实践服务。命题应该顺应且提升学生掌握、运用历史知识的能力，与新型教学观念、学习方式实现基本一致的交互发展。“一纲多本”需要命题者命制与研讨试题既要重视理论上的探讨，逻辑上的分析，哲学上的思辨，又要重视无理论指导下的实践创新，妥善处理好命题改革与创新。因为，“高考命题不同于一般的学术活动。命题与相关教育活动联系紧密，命题与社会利益分配联系紧密，命题与考试实践活动联系紧密。”[①]“一纲多本”下高考命题可以慎重对待理论与实践、封闭与开放的关系，命题会更多立足于实际，重视对过去已有考核传统、经验的整理与传承，稳步创新、扎实推进历史高考命题改革。可以预期，历史高考命题改革终将一步步走向成功。

二、“一纲多本”历史教材遭遇的问题及对策

“一纲多本”历史教材从推行之初直至目前仍然遭遇诸多问题。新历史教材学科体系就是问题之一。新课程多版本历史教材突破了传统教材的历史知识体系，构建了新的学习专题，并革新了课程内容，不同的教材还形成了自己的特色。在这些新的学科体系下，高中历史不再按照通史的模式和时间先后顺序叙述，而是以专题的形式，将古今中外的历史编成政治史、经济史、文化史三个必修模块和六个

---

① 陈畅：《高考命题的封闭与开放——台湾指考命题开放性借鉴》，《历史教学（中学版）》，2011年第3期。

专题选修模块，或从古到今、或从中国到世界、或中外混编来处理。这些历史教材体系如果搞得好，历史教学可以上很大一个台阶；搞得不好，会造成比较大的波动。专题式的、中外专题合编的历史课程体系是过去从未有过的，史学界也还没有以中外专题合编形式撰写的著作，这是一种极其大胆的探索。新变化虽然可以对某一类历史事件的发展沿革有一条比较清晰的线索，对某些历史人物或历史现象有比较详细的叙述或深刻的探讨，但弊端也是显而易见的，它造成时序上的混乱和由于内容的割裂而导致的重复。

此外，"一纲多本"的历史教材，给教学调研、考试命题等带来许多麻烦。虽然说不同版本教材中呈现的差异显示了不同版本教材的特色，这种差异也是在课程标准所允许范围内的，体现了历史课标在新的学习内容上的选择性和开放性，为高中学生学习历史提供了更多的选择空间，对学生个性的健康发展也有着重要的作用，但如何在课标要求下兼顾不同版本的特点成为"必须思考的问题"，也为兼顾不同版本特色开展"研究"带来了"空间"。在一定区域(省级)统一考试评价的模式下，多版本差异的影响显得非常大，因为不同版本教材对统一考试的结果和公平性都会带来很大的挑战，如何使考试评价"客观""公正"，而不是因为教材的差异而导致教学评价"失真"成为难题。"一纲多本"的教材处理问题，成为各级部门和一线历史教师不得不认真思考的"困局"。课程改革专家任世江建议："无论谁来制定考试说明，新课标高考的第一个难题是如何确定考试范围，这是影响课改的最实际问题。'一纲一本'下的高考，考试范围最容易圈定；'一标(纲)多本'则比较伤脑筋……在'一标多本'情况下，教师研究教材与高考命题的准备工作是异曲同工。第一，都要选择重要的知识；第二，都要选择学生有能力认知的问题；第三，都要考虑学术依据。高考如果以教与学的适应性为基点，那么，适应性的基点也正是教师研究教材所要取得的基本共识。"①一系列矛盾的出现，归根到底是我们对不同版本教材理解和使用上存在问题，其中有"一纲多本"

① 任世江：《研究新课标教材　推进新课程改革》，《历史教学》，2005年第12期。

教材自身存在的一些问题，也有由此带来的教师教学上的问题，这些问题如果不能得到及时的解决，就会导致新课程的理念和目标难以实现，也直接影响到高考命题改革的效果。

“一纲多本”历史教材的使用，不可能一帆风顺、一蹴而就，它是一个各方角力、除旧布新的过程。但我们不能因为实施过程中出现了问题甚至一些乱象就“因噎废食”。当务之急就是完善教材编写和高考命题创新。为了防止历史教学混乱和考试评价失真的局面出现，我们寻求破解之策应该从以下几个方面思考。

第一，“一纲多本”的成效依赖于历史命题的精致化。

目前，江苏省历史高考命题正处于“调整”时期，所谓“调整”是指在坚持、服从历史教育改革大方向前提下的补充和完善命题思路，不是对“过去”思路的推倒重来，也不是转向或倒退，更不是无谓的折腾。所以，一方面需要坚持改革的方向，不打乱原有的“命题”格局；另一方面需要有开放的姿态，吸收好的思路和见解，包括借鉴国外的优秀命题技术。例如，新的历史高考命题强调“以能力为立意”，打破“知识＋死记”的备考方式，强调探究活动。但是，命题如何借助课程的总体目标和历史学科素养来充分体现“一纲多本”的本质特征和固有价值，是值得推敲的。历史高考命题能否提高学生对自然的关心，或进行有目的、有意识的观察与假设等，在培养历史学科调研能力和态度的同时，加深对历史事物与现象的理解，养成科学的看法与想法，这些理念充分考虑与体现了“一纲多本”的本质特征和固有价值。新课标着重强调的是培养科学探究能力，理解基本科学知识，掌握基本技能，培养科学态度、情感与价值观，理解科学、技术与社会之间的关系。另外，在形式上，江苏地区的历史高考考查目标，采取的是条目罗列的表述方式，措辞冗长烦琐，且只规定要达成的目标而不明确达成目标的基本手段或途径。可以说，能否重新思考和完善历史高考考查目标的内容及其表达方式，突出“一纲多本”的课程属性和固有价值，逐步完善课标，这直接关系到“一纲多本”历史教材的编写质量。

第二，“一纲多本”的成败在于命题者的专业素养。

随着新课标的实施，从上到下开始关注“教材研究”和“高考创新”，着力提升高考命题者的专业素养是其关键因素之一，就目前教育发展状况而言，高考仍然是教学不可替代的“指挥棒”。近年来，许多专家倡导“命题者专业标准”研究、“命题者教学基本功”研究、“经典高考试题”比较研究，等等，均表明我国教育考试界正在形成聚焦教材研究、试题研究、专业素养研究的氛围；我们所期望的专业学者、教研室专家和一线教师之间的合作伙伴关系也正在形成。不过，高考命题者在教育研修方面一直存在着两种不良倾向，需要加以矫正。一是排斥理论的倾向，强调所谓“实践经验”“专家资本”，有“具体的套路”就心满意足了，这种命题者终究摆脱不了“教书匠”的状态；二是鄙视实践的倾向，以为“教育研究”就是强调“理论思维”、就是引经据典的“哲学思考”，导致了远离本土实践、远离高考命题实际的结果。高考命题“指挥”一线教学实践，高考历史命题队伍与中学历史教师一样，终究是历史教材开发的主体，命题队伍的理论视野及其实践智慧，是影响“一纲多本”历史教材成败的主要因素之一。

第三，“一纲多本”难题的破解在于教学评价观的更新。

不少学校学生学习负担加重现象的出现，可以说是应试教育的惯性使然，这是实施“一纲多本”历史教材的最大阻力。在“为考试而教、为考试而学”的应试教育文化背景下，高考制度实际上是一根“指挥棒”。这样的“考试”，无非就是要求学生背诵历史教材，然后考学生背诵了多少历史知识而已。显然，这样的应试教育不可能培养出新时代需要的合格人才。“一纲多本”历史教材就是要冲击弊端缠身的高考制度，树立新的教学评价观。“一纲多本”历史教材对于课程改革不得力的地区或是学校的考生而言，确实可能加重负担。这些学校的教师或是家长往往担心一种版本的教科书知识可能不足以应付高考，于是“多多益善”，尽量收罗多种版本的教科书，采用“题海战术”“博闻强识”，最终把学校课程矮化为“重育分、轻育人”的单纯的机械性训练的手段。“一纲多本”历史教材追求的是“和而不同”的开放式“考试评价”生态，体现了教育民主的诉求，更新教学评价观念乃当务之急。“一纲多本”历史教材犹如刚刚破土的幼苗，更需教育同仁的细心耕耘。

三、“一纲多本”历史教材政策下的命题创新

第一，“一纲多本”的历史教材与试卷结构的创新。

试卷结构是指一份试卷所含内容的组成部分，以及不同内容所占的比重与相互关系。试卷结构的确立要有三个基本点：试卷所含内容应能反映所考历史教材的基本内容体系；内容的各组合成分之间，需有内在联系，能正确体现历史教材的点与面关系；试卷各分项内容在全卷内容中所占的比重，应与各分项内容在历史学科体系中所处的地位相称。此外，一份科学的历史试卷在内容选择上应该遵循以下原则：(1) 史学视角的新颖性。20 世纪 90 年代以来，史学研究的角度、观点日益多样化，这种史学研究的现状无论从内容上还是形式上都广泛地改变了历史考试考查的面貌。部分自主命题省市的历史考试考查的内容不断引入社会史、文明史等史学前沿的研究理念与成果，涌现出一批精彩试题。例如，以社会史研究为视角，区别于传统史学研究方法，它转向普通民众的民间信仰、生活风俗、婚嫁丧葬，等等，大大拓展了历史研究的范围。这种关注“史学新视角”的理念，符合高中历史课程改革的需要。(2) 知识依托的基础性。“一纲多本”的新课程教材格局下，历史考试考查立足于基本的知识，主要是指在历史上起过重大作用、具有重要影响的历史人物、历史事件和历史现象，以及重要的历史概念和历史发展脉络，考查历史学科的这些内容，以及与之密切相关的学科理论和能力，让考生通过综合、分析、评价等思维活动，阐释历史事件和历史现象，这样的试卷内容选择才能真正符合课改精神。(3) 理念导向的时代性。新课程历史考试考查内容的选择，应体现时代精神，贴近社会生活。考试命题不回避社会热点、焦点问题，选择与国家发展、社会进步、世界趋势变化等有关的事件进行试题设计，重视对历史现实感和时代感的考查，有利于实现考查评价为社会发展提供借鉴的重要功能。

第二，“一纲多本”的历史教材与试卷容量、难度的调控。

历史考试考查的难度设计，既要从教育考查技术的角度考虑，也

要从社会角度考虑；既要满足高校选拔新生的需要，也要充分考虑对中学教学实际的导向。要处理好学科试卷内部试题难度之间的关系、大题内部的难度梯度等问题。历史试题难度的控制，应该考虑以下要点：其一，大部分的题目难易程度应该在 0.3～0.7 之间，这个幅度里的题目，其难易程度又相对集中在 0.5 左右。其二，全卷题目难度分布，应该难、中、易交替出现，总体呈由易到难。试题安排上，可以先是选择题，中间是材料题，最后才是问答题。在每一部分中，难、中、易不应是呈扎堆状态，而是交替分布。设计好试卷的难度坡度，各类题型一般来说由易到难排列，使考生产生良好的心理效应，发挥出应有的水平，从而提高试题的区分度。这样，全卷的总体难度才能得到有效控制。其三，试卷总难度控制应有一个难度比例，试题以中等难度为主，容易题、中难题、难题的比例一般为 3∶5∶2，在试题的难度范围与考生能力范围大致相当的情况下，考试才能真正考查出学生的实际水平。为了提高考试对中间部分考生（人数最多）的区分能力，中间难度的试题略多是合理的，试卷的总难度系数控制在 0.55～0.65 之间为宜。试卷的时限，应结合试卷测试的内容要素、试卷长度、试卷难度以及学生心理特点、解题所费时间等多种因素综合考虑。新课程历史单科卷一般用时 120 分钟内比较适宜。试卷长度是构成一份试卷的试题的数量，即我们通常所说的“题量”。试卷的长度要素包括试题的数量、试题的文字和图表阅读量、试题的设问数量、思考和解答试题所必需的时间等。设计历史试卷时，要根据考试信度要求或者误差控制要求设置试卷总题量乃至试卷每一部分的最佳题量，保证考试结果的信度，将误差控制在限制的范围内，满足考试目的。试卷的长度从来都是一个变数，其具体容量受命题的基本设想、试题取材、题型以及不同题型试题的比例、不同难度试题的比例、考试时间等影响。以历史单科试卷（90 分钟）为例，卷面字数在 6 000～7 500 字之间为宜，规定考生所做题量以 31 道为宜，以便给多数考生留有思考的时间和空间。

第三，“一纲多本”的历史教材与客观试题的创新。

用新情境考查认知能力，避免用与教材语言相同的材料。题干的编撰应该有意义，以明确的问题形式呈现，这个问题即使在没有备选项的情况下也有意义。客观试题如果用考生熟悉的情境材料或用与教材语言相同的材料，考生很可能会凭着记忆，完成所要求完成的任务，导致仅考查考生的简单记忆能力，考试结果不能反映考生的高水平认知能力。引入新情境，在命题实践中要不断扩大资料选择的范围，根据史学领域最新的研究成果选择新材料，将看起来平常普通的资料转变为"历史"的资料，考查学生对新史料的分析能力，培养其对史料丰富的理解；客观试题引入的材料要科学有度，避免出现一些与正确答题没有必要关系的材料。此外，客观试题不仅要考查重要的历史基础知识，更要考查学科能力。考查基础知识要有宏观性，一方面，"题眼"要尽可能放在课标、教材主干的基本脉络上，提炼教、学、考等方面都能看得见的"知识"，以此解放学生思维；另一方面，侧重考查历史学科能力，在新材料中考查学生如何运用已有"知识"、技能和方法。客观题考查应注重思维品质。考查记忆的，要走向理解性记忆、结构性记忆；考查理解的，要走向广泛、深刻的历史性解读；考查应用的，要舍弃生硬套用结论，注重思维方法的尝试。

第四，"一纲多本"的历史教材与主观试题的创新。

主观试题应在多个有联系的知识点上做深做活，渗透高层次思维能力与技能。这要求命题者从人类文明发展史出发，在主干知识范围内选取有史学意义和教育价值的主题，挖掘命题内涵，着力于由小见大、或由大见小，从而发挥主观试题的考查优势。主观试题的设问，要先设一些小问，分步导入。这样，既为不同水平的考生搭建了"台阶"，又可以提高试题的区分度。主观试题应关注不同教材内容，引导新理解。主观试题虽然以教材内容为载体，但可以通过一段思路明确的文字"搭桥"，引导学生从史学新视角重新考察已学过的内容。大跨度、小切口并用的主观试题，可以适当增大问题的开放性，以提高考查较高级思维能力的有效性。主观试题往往是对已学过的历史知识的"重复"，但是，不要"炒回锅肉"，而要变换角度，深入发掘，启发学生从不同角度对这些历史知识进行理论分析，培养学生运用历史理论分析问题和解决问题的能力，突出历史学科功能，进而促进历史与相关学科的渗透，融文史哲于一炉。主观试题应该鼓励个性发展。主观试题要尽力引导考生多角度、多层面地认识历史事实和历史现象，培养思维的广泛性；用唯物辩证法的理论观点观察和分析问题，培养思维的深刻性；用讨论、启发等方法，培养思维的批判性；通过对历史与现实的联系，培养思维的创造性。试题立意要鼓励学生个性发展，在涉及大量考生的考试评价中，由于考生(个人)的立场、观点、方法不同，无论立论、推理，还是选择用什么信息都可能千差万别。因此，鼓励考生的个性发展，这既是命题的新课题，也是很有社会价值的现实问题。

[本文发表于2013年11月《中学历史教学》]

探讨历史选择题的命题技巧与策略

选择题是客观性试题中比较典型的一种题型，在单项选择题、多项选择题、双项选择题等试题中，最具代表性的是单项选择题，它以新材料、新视角为背景，以能力为立意，既注重知识与技能、过程与方法，又尝试情感态度价值观的渗入。选择题的基本特征有：内容新颖、形式灵活、情境精致；在考查技术上，不仅明确了考查目标和调节了难度，而且激活了试题和开发了课程资源。

本文以单项选择题的内容、形式、考查技术为研究对象，重点探讨单项选择题的创设与命题技术及其考查功能。

一、历史选择题的分类与命题特点

选择题通常是由一个问题和一组备选答案组成，在很多情况下，一道选择题有一段情景材料或设问题干。选择题的问题可以是一个直接提问，也可以是一个不完整的陈述，这个“提问”就是选择题的题干。备选答案可以是文字、图形或符号等，备选答案中一般有一个或一个以上是正确的或最佳的，其余的备选答案又称为干扰项或迷惑项。情景材料可以是文字、图、表、符号等，含有考生应答需要的相关信息。

在选择题中，直接提问形式的题干和不完整陈述形式的题干都很常见。一般直接提问形式的题干，问题呈现得比较清楚明确，不容易产生歧义；不完整陈述形式的题干更加简明，如果题干撰写得好，也能够比较清楚明确地呈现问题。新课程改革中，单项选择题因其自身具有的特点和考查功能而颇受欢迎，广泛应用于各类考试，选择题不仅可以对考生进行知识考查，还可以进行理解、辨别、比较等能力的考查，下面重点加以阐述。

1. 选择题的命题特点

(1) 客观性。由于单项选择题答案唯一，评分时既无阅卷人主观意愿的影响，也没有考生作答技巧和文字风格的干扰，能比较真实客观地反映考生的实际水平。应答一般不受考生答题倾向的影响，如果考生不知道答案，一般不会选择某一特定的选项。

(2) 简捷性。单项选择题答题迅速，阅卷快捷，并可使用光电阅读器阅卷，从而节省时间和人力、财力，尤其适用于人数众多的大规模统一考试。

(3) 广泛性。单项选择题题目多样，知识覆盖面广，能够扩大试卷容量，有利于提高试卷的信度，减小考生通过猜题、押题得分的可能性；干扰项的使用，使得考试结果具有一定的诊断功能，学生对错误选项的选择，可以揭示出其对问题理解上的偏差，有助于全面了解、评价考生和引导中学实际教学。

当然，选择题也存在一些明显的不足。首先，选择题要求考生从若干选项中选出一个正确或最佳答案，它不太适合考查考生解决实际问题的能力，也不太适合考查考生以发散思维为特征的创造性思维能力，组织、应用材料的能力，语言表达能力以及较高层次的逻辑推理能力等。其次，设计出好的选择题干扰项往往比较难。一些不具有似是而非特征的干扰项，不能迷惑真正掌握的学生。

多项选择题和单项选择题同属选择题这一类型，因此两者有其相同的一面，而多项选择题可以考查考生多个层次的知识和能力，即识记、理解、分析、综合等。一个观点可以从不同角度来说明，一个事物或一种现象可以用多种观点去分析。因此多项选择题更能够培养考生独立思考的能力。

但是，多项选择题的评分标准阻碍了其自身发展。一般来说，由于题目本身没有明确告诉考生究竟有几个正确答案，“多选、少选、错选均不得分”的评分原则在一定程度上使得试题的难度加大，这种评分原则把凡是没有全部选对的考生统统划为一类，存在着不合理之处。

2. 单项选择题的测试功能以及适用性

单项选择题在单位时间内题量多，覆盖面广，有利于考查考生的知识掌握程度以及理解、分析、解决问题的能力。

第一，在“识记”考查方面，单项选择题能够较好地完成考查目标。单项选择题首先强调对历史概念的理解，其次是对重大历史事件或重要历史过程因果关系的理解。

例题 1：(2010 年江苏卷第 7 题)近代史上，顽固派“其貌则孔也，其心则夷也”的指责主要针对下列哪位人物的思想主张？

A. 魏源　　B. 李鸿章　　C. 康有为　　D. 孙中山

该题侧重于考查考生再认、再现历史知识的能力，也就是对于知识记忆的考查，较好地实现了单项选择题考查考生识记、理解层面的认知能力目标。

第二，随着命题研究的深入，单项选择题的“能力”考查功能已经得到了初步发掘，命题对学科能力的考查不断加强，涉及分析、判断、比较的综合能力。

例题 2：(2010 年安徽卷第 17 题)邓小平曾将一张飞乐音响公司股票作为礼物赠送美国纽约证券交易所董事长范尔霖。依据图 5-8 中的信息判断，当时的中国

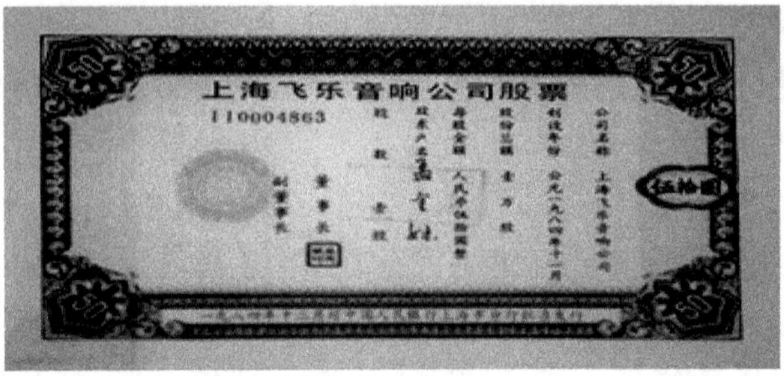

图 5-8

①已经出现了股份制企业　　②开始建立股票交易市场

③初步形成市场经济体制　　④城市经济体制改革已全面展开

A. ①③　　B. ①④　　C. ②③　　D. ②④

此试题的特点是考查考生在历史知识记忆的基础上进行分析、比较、判断的综合能力，而且其他三个干扰项也有较强的迷惑性。在历史试卷中考查历史思维能力型的选择题所占比例已经超过考查记忆型（再现、再认）的题目了。

如果不考虑选择题所考查的知识内容或能力种类，仅从选择题题干设问与解答的定向要求看，选择题的题型和常用问句可以归纳为以下种类：

题型	常用问句
因果型	原因、主要原因、重要原因、根本原因、直接原因、内部原因、目的、是为了、是因为、结果是、影响是，等等
表述型	表现在、反映在、体现在、依据是、标志是、内容是、条件是、性质是、特点是、含义是、贡献是、意义是，等等（当题干为不完整的陈述句式时，问句在正确选项中）
程度型	最、根本、主要、主导、全面、突出、本质、实质，等等
排序型	时间顺序、空间（方位）顺序、属性顺序、过程顺序、依次为，等等
逆向型	不是、不正确、不包括、不具有、不属于、与史实不符、错误的、无关的，等等
比较型	相同、相似、不同、共同，等等
空间型	位置在、地点是、图中的，等等

20 世纪 90 年代以来，我国基础教育明确了“以学生发展为本、培养学生创新精神和实践能力”的素质教育理念，历史卷从“知识立意”向“能力立意”的转变随之更加突出了，以新材料为特征的选择题大量涌现，其内涵与外延得到了持续的丰富与发展。总的来说，选择题新材料有题干型的，也有选项型的，一般而言，如果能用前者来设计试题，就尽可能不用后者。所以，下文讨论的重点放在新材料题干型选择题的简单分类上。

第一类，以历史照片为情境型。

历史照片在历史研究中占有重要地位，试题取用历史照片，既符合史学的特点，蕴含史学的一般方法，又能拓展课程资源的范围，体现改革的方向。历史照片包括遗物遗迹图、人物照、场景照、文物拓片图，等等。以历史照片为新材料创设问题，要求学生从历史照片中汲取信息，其能力目标是近年命题的重点取向。历史照片情境型试题的命题特点有：利用照片信息的显性程度和这些信息与解题的逻辑关系，考查学生的观察能力、信息提取能力、利用有效信息结合已学知识的判断能力，如下文例题 3。解答这类情境题的基本思路是：寻找有效信息（读文字符号或标志性图示）；整理有效信息（已学过的或与已学过的知识有直接关系的）；判断选项正确与否（与解题有逻辑关系的）。

例题 3：（2010 年江苏卷第 13 题）

文物是研究历史的重要物证。下列对图中信息理解正确的是

A. 工业"大跃进"时期以股息发放工资

B. 资本主义工商业改造采取公私合营政策

C. 人民公社社员按期领取生产货款

D. 手工业者以入股形式参加生产合作社

第二类,以历史图画为情境型。

历史图画,既包括过去的作者所绘的与历史有关的图画作品,还包括现在的作者所绘的与历史有关的图画作品。这些图画作品包括漫画、宣传画、艺术画、地图、场景想象画,等等。历史图画,虽是人为作品,不是事实本身,但与历史照片一样,历史图画包含了许多信息,特别是认识水平高、表现能力强的图画,其具有一定的史料价值,不仅有利于发展学生的思维能力,也有助于考查学生的思维品质。历史图画情境型试题的命题特征有:利用图画作者的意图,展现图画的显性与隐性、虚构与真实的信息,以图画透露的有效信息,设计"问题",考查学生的观察能力、信息提取能力、对信息进行综合思考、评价的能力,学生只要利用图画的指引,作出合理判断,就可以得出正确答案,如例题 4。解答这类情境题的基本思路是:从图画中提取信息;了解作者的真实意图,思考、评价信息;结合已学知识,判断推理。

例题 4:(2008 年江苏卷第 9 题)右图(图略)是一本连环画的封面,该书讲述了孙家庄农民孙志刚的故事,图中的"社"指的是

A. 农业生产的合作组织

B. 公私合营的生产组织

C. 人民公社的生产组织

D. 包产到组的生产组织

例题 5:(2010 年江苏卷第 6 题)

下图展示了近代某一次重要战役,对此叙述正确的是

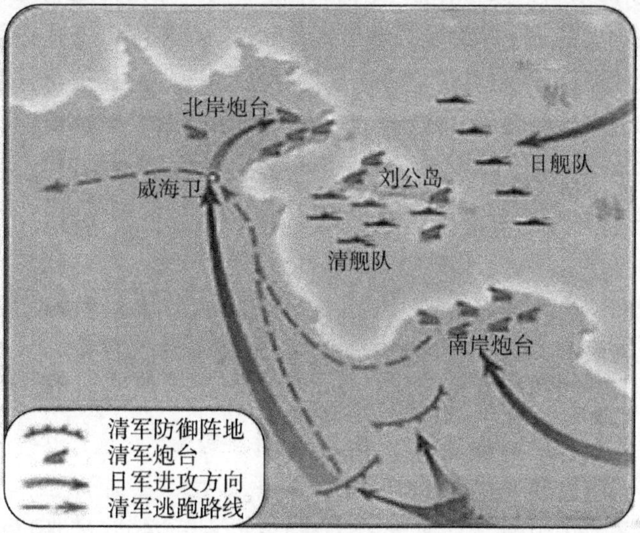

A. 战役结束后清朝舰队全军覆没

B. 清朝军民反割台斗争的关键战役

C. 清军将领邓世昌于此役壮烈殉国

D. 战役发生于清军运兵朝鲜途中

以地图为主题的绝大部分材料取自当代作者。历史地图可以从不同时空解读人类文明的特征，不仅包含了丰富的历史信息，还承载了大量的地理知识。地图以学生掌握历史时空知识的水平为基础，考查学生记忆与理解能力、观察能力、分析与综合能力；学生正确结合地图的历史内容和地理知识，做深入的抽象概括，就能得出判断，如例题 5。

第三类，以文学作品为情境型。

文学作品（生活类）是指历史上的诗词、歌谣、对联、故事等通俗的文学作品。它们是我国文化中的重要文学内容，蕴含了丰富的历史信息，被人们广为流传。这些文学形式，其语言精练，情感丰富，平仄交替，朗朗上口，完全符合选择题以“精致小巧”而著称的情境要求。其包含的历史内涵，深刻反映了时代特色，更为命题提供了丰富、新颖的素材。文学作品(生活类)情境型试题的命题特点有:利用诗词、歌赋、民谣、对联等文学形式,以作者评说历史反映的信息,生动形象地凝练成“题眼”,考查学生的阅读理解能力、信息提取能力,以及对信息进行分析、综合、判断的能力,如例题6、7。解答这类情境题的基本思路是:提取文学作品中的重要文字;解读重要文字的历史信息;对应已学知识判断选项。

例题6:(2005年全国文综Ⅰ卷)毛泽东的诗词是记载中国革命伟大历程的史诗。他的词“军叫工农革命,旗号镰刀斧头。匡庐(泛指江西)一带不停留,便向潇湘(泛指湖南)直进”描述的是

A. 北伐军进军湖南　　B. 八一南昌起义

C. 湘赣边秋收起义　　D. 红军第五次反“围剿”

例题7:(2010年江苏卷第2题)诗人左思在其《咏史》中浓郁悲歌:“世胄蹑高位,英俊沉下僚。地势使之然,由来非一朝。”造成这一社会状况的制度原因是

A. 征辟制　　B. 察举制　　C. 九品中正制　　D. 科举制

第四类,以史籍著作摘录为情境型。

史籍著作的摘录,是指在史学著作或史料性作品中摘取、引用典型语段。史籍著作摘录,既反映作者对某些历史现象的独特见解,也或多或少地记录了一些史实。所以,史籍著作摘录不仅是历史研究的重要方法,也应是选择题命题引进新材料、设立新情境的重要途径和手段。史籍著作摘录情境型试题的命题特点有:选取史籍著作的经典语段,减少阅读障碍,通过摘录中蕴含或透露的历史信息设计问题,考查学生的阅读理解能力、信息提取能力以及分析综合能力,如例题8。解答这类情境型试题的基本思路是:阅读摘录的显性信息(表面信息);提取摘录的隐性信息(与表面信息联系密切的深层背景);结合已学知识,判断选项。

例题8:(2010年江苏卷第9题)徐珂《清稗类钞》记述:“先由男子

陈志愿于父母，得父母允准，即延介绍人约期订邀男女会晤，男女同意，婚约始定。”这反映晚清婚俗的变化是

A. 媒妁之言控制婚约缔定

B. 婚姻尊重当事人的意愿

C. 婚姻听凭父母安排

D. 婚姻仪式简约文明

第五类，以语言模拟描述为情境型。

语言模拟描述，是指命题者依据历史上的许多事实，选取合理的角度，模拟出历史的典型细节或片段，通过描述性的表述形成情境。模拟描述，既避免了大段的史料阅读、降低了理解难度，又使试题生动化、贴近学生生活。模拟描述情境型试题的命题特征有：把阅读难度大的史料，用概括性的叙述、故事性的情节、生动形象的语言，描述成典型的事实，避免阅读障碍，以语言描述中蕴含的历史信息设计问题，考查学生对当时背景的记忆、理解能力，以及分析问题、掌握方法的能力，如例题 9。解答这类情境题的基本思路是：提取描述中的信息；分析、思考有效信息；联系已学知识，判断选项。

例题 9：(2010 年江苏卷第 15 题)安妮女王没有子嗣，她去世后王位就要复归詹姆士二世及其世系，“光荣革命”的成果将要功亏一篑。因此，1701 年英国通过法律规定，安妮去世后王位将转入詹姆士二世的德意志表亲索菲亚手中。此举体现了英国政体的本质特点是

A. 以和平方式过渡政权

B. 完善王位继承制度

C. 深受欧洲大陆王室影响

D. 议会权力高于王权

第六类，以数据图表为情境型。

历史图表，既包括过去作者以一定的数据或信息所绘制的图表，

还包括当代作者以一定的数据或信息所绘的关于过去的图表，主要类型有表格、折线图、饼图、柱形图等。历史图表，从数据统计角度，用数理的方法解读了人类文明的发展情况，不仅包含了丰富的历史信息，还体现了一定的数理逻辑。数据图表情境型试题的命题特征有：运用数据图表，以图表的显性符号与数理逻辑透露的信息设计问题，要求学生结合所学知识，得出正确的历史判断，主要考查学生的阅读能力、信息提取的能力以及归纳能力，如例题10。解答这类情境题的基本思路是：提取图表信息；比较与思考信息之间的逻辑关系；对应已学知识，判断选项。

例题10：(2010年江苏卷第11题)下图反映了国民政府统治时期某一经济状况，对图中信息解读正确的是

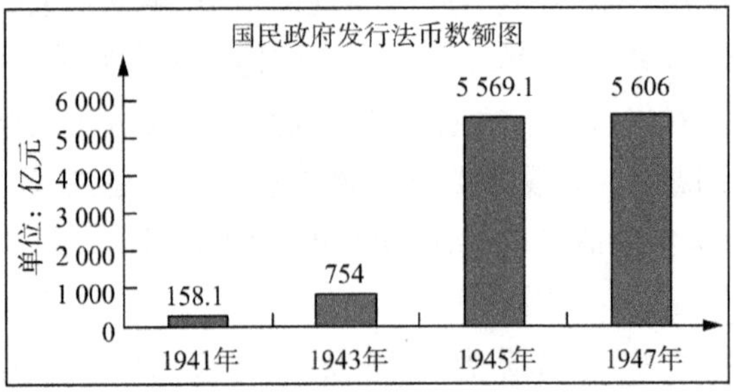

A. 抗战胜利后政府获得大量经济赔偿
B. 国民经济建设运动刺激了货币发行
C. 货币大量增发给民族工业带来巨大压力
D. 布雷顿森林体系推动中国货币需求

二、历史选择题的命题创设技术

一般来说，高考(历史命题)目标大致可以分为记忆、理解、应用三个层次。为了激活试题、提升考查目标，选择题的创设有许多技术、策略可以运用。

1. 考查对知识的记忆、理解能力的命题技术

命题者对重点知识合理记忆，辩证理解，以考查考生理解掌握程度。其典型技术有两方面：其一，命题者找到可以反映这个概念或判断的典型史实，从而激活试题，调控所举典型事例的解题信息量及其显性程度，提升考查目标，改变并优化试题的难度。以诗词、歌谣、对联、史籍摘录、模拟描述为情境的试题，普遍使用这一技术进行试题设计。其二，命题者用具体的史实形象或形象描述，考查学生的观察能力、信息提取能力和利用有效信息结合已学知识的判断能力。实践中，以历史照片、历史图画、历史地图、数据图表为情境的试题，对这一技术使用得最广泛。

2. 考查对基本原理的理解和应用能力的命题技术

选择题采用新的材料或情境提出方法性质的（如证据力度、正确推理等）问题，以考查考生思维的深度、广度、过程与方法。这种逻辑推理的方法，是对基本原理的理解和应用能力考查的典型命题技术。

命题者根据已有的知识，确定一个可以推理出的结论，或者选定一个当今史学前沿的新视角，将结论或史学视角引为主题，通过主题的结论或定义，要求学生强化理解问题的方法与思路，推理出与主题相符的内容。这种逻辑技术法一般会提升考查目标，较大地提高了试题难度，但如果处理得当，也可保持难度平稳。

考查考生对基本原理的理解和应用能力，关键在于让考生在一种类似的或新的情境中，通过鉴别基本原理、应用基本原理来解释问题。命制具有这种考查功能的选择题的关键在于两个方面，一是设计好两种不同的情境——类似的和新的情境；二是要求考生解释问题，如分析各种关系、解释因果关系、根据条件作出推论、对事物作出评价等。

从选择题的创设策略看，编撰选择题的基本要求有：

1. 用新情境考查认知能力，避免用与教材语言相同的材料

编撰选择题的题干本身应该有意义，并以明确的问题形式来呈现，这个问题即使在没有备选项情况下也有意义。高水平的认知能力是指分析、概括、综合、推测、评价等能力。一般在考查考生这些高

水平能力时，需要将考生置于新情境材料中，让考生对其进行分析、概括、综合、推测和评价。如果用考生熟悉的情境材料或用与教材语言相同的材料，考生很可能会凭着记忆完成测试题目，导致仅仅考查考生的简单记忆能力，考试结果不能反映考生的高水平认知能力。

2. 选择题每道试题的内容要互相独立，避免考生从中获得有用的信息

所谓互相独立，是指试题之间不要有互相提示和互相依赖关系。选择题的题干中不要包括无关的内容，与考生应答无关的内容不会提升考试有效性，只会增加相关内容，让阅读能力强的考生占到便宜。互相提示关系比较容易理解，但往往不被重视。

如果迷惑项的表述看起来或听起来与题干存在语言联系，可以增加迷惑项的迷惑能力，使得那些想依靠记忆和语言联系获得答案的考生上当，则未尝不可。

3. 选择题的立意不要过于专门或一般，避免降低考试的效度

(高考)选择题命制涉及的内容应该以考生高中阶段所学的学科知识为基础。过于专门的内容往往容易超出大多数考生的认知范围，而过于一般的内容考生往往不需要经过思考，凭常识就可作出应答，这两类试题实际上都降低了试题的效度，考查的是与考试无关的心理结构或能力。

4. 选择题应答的思维过程不要过于复杂，避免影响试卷的区分度

考试评价是根据考生应答的过程和结果，来推测考生心理结构(能力)。对于选择题而言，只能看到应答的结果，看不到应答的过程。对于过于复杂的应答过程，一般而言，只有一部分是我们真正要考查的，其他部分可能不是试题真正要考查的，但由于这些部分也比较复杂，考生往往会在这些部分发生错误，这样试题就不能有效地考查预测考生的心理结构或能力。

对选择题难度的调控与把握，既依赖于命题者的经验，又有一定的技巧方法。两者结合起来的提高难度的技巧可以分为两类：一类是普遍性规律，指提高题目难度的常用技巧，这是任何一个学科都通

用的技巧；另一类是特殊的规律，指提高题目难度的特别技巧，仅适用于历史学科。具体的内容见下表：

技巧分类	具体方法
提高难度的常用技巧	1. 采用新材料、创设新情境来命制题目 2. 加大试题的阅读量 3. 提高新材料所包含的信息量 4. 提高思维能力目标的层次 5. 创新试题的呈现方式
提高难度的特殊技巧	1. 延伸历史概念 2. 总结历史规律 3. 呈现史学方法 4. 评论历史观点 5. 启发历史感悟

三、历史选择题的命题创新启示

随着高中新课程改革的推进，高考选择题的命题革新相当迫切。为了总结选择题的命题经验，笔者对新课程改革下的选择题命题提出了一些不成熟的看法，期盼有益于推进改革。

第一，在选择题的立意上，不仅要考查重要的基础知识，更要侧重考查历史学科能力。新课标教科书实行“一纲多本”，基本知识点的采用上，有相同之处，也有不少内容大相径庭。传统“一纲一本”教材政策下的命题，肯定有着过多的不适应了。怎么办呢？一方面，高考考查基础知识要有宏观性，命题的“题眼”要尽可能放在课标、主干和基本脉络上，提炼教、学、考等方面都能看得见的“知识点”，以此减轻学生记忆负担，解放思维；另一方面，考查历史学科能力要有技术性，通过创设情境，在新材料中考查学生运用已有“知识点”、技能和方法来解题的能力。

第二，在选择题的考查目标上，无论是考查记忆的，还是考查理解、应用的，都应注重能力与思维品质的培养，避免机械化。选择题的考查目标要有效，考查记忆的，要避免机械性死记硬背，要走向理解性记忆、结构性记忆；考查理解的，要摆脱平面性解释，走向广泛、深刻的历史性解读；考查应用的，要舍弃生硬套用结论，注重思维方法的把握。目标所呈现的难度，一般应以中等难度的试题为主，适当搭配一些难度较低和难度稍高的题目，点缀少量难度较高的题目。控制好整个选择题的难度系数，使其有科学、合理的区分度，适应选拔性考试的要求。

第三，在选择题的情境上，不仅要敢于引入新情境，防止机械记忆，还要尽量减少不必要的叙述和信息干扰，保证主题突出。引入新情境，在命题实践中要不断扩大历史资料的范围，根据史学界最新的研究成果选择新材料，将一般看来平常普通的资料转变为“历史”的资料，考查学生对新型史料的分析能力，培养其对史料丰富性的理解；突出主题，是指引入的材料要科学有度，不能滥用，避免出现一些与正确答题没有必要关系的、可能仅有装饰作用的材料。所以，设置情境，既要选择符合学生认知水平、贴近学生生活的材料，又要保持材料的引入与试题本身的关联性，尽量减少不必要的干扰，保证试卷简洁明快。

第四，在选择题的科学性上，题干要正确、严谨，能包得住正确选项，选项要有迷惑性、排斥性，少用离题太远的、阅读量过大的内容。

[本文发表于 2011 年 6 月《中学历史教学》]

第四节　我的教学管理浅思

高中教育更应守住教育的良心

江苏省苏州实验中学自1994年成立以来，经过短短的二十几年的努力，办学质量已跻身苏州市的最前列。教育乃百年大计，需要办教育的人着眼长远。2016年春季，历经重建回迁后的实验中学走到了发展的新节点。站在这个新的起点上，我想，只有守住办教育的良心，才能让大实验走得更稳、走得更远。

一、守住教育的良心成就学生的个性成长

高中是基础教育的最高阶段，也是向社会展示教育成果的关键阶段。一所高中，肩负着家长和社会的重托，有责任、有义务让自己的学生在高考中考出理想的成绩，升入他们心仪的高校，这是我们的教育良心。但是，我们不能以任何理由去影响学生的个性发展、多样发展。因为尽可能为学生提供更好、更多的教育选择，让学生们走向多层次、多渠道、特色化的成长之路更是教育的良心。

教育质量事关人的全面发展的质量，而不是简单的考试分数或升学率，我们必须遵循人的发展规律，遵循学校教育规律。学校工作必须牢固树立以人为中心的理念，始终把学生放在学校工作的中心位置。

实验中学积极优化课程设置。以省级课题为抓手，做好学校课程的优化调整，通过课程设置的优化、校本课程的开发，来满足学生个性化的发展需求。这两年我校就有10余位教师的课获评教育部基础教育精品课，我们开发了30多门贴近生活、深得学生喜爱的校本课程。在教学上，学校着力打造"原味·灵动·高效"的课堂，努力践行"唯真唯实"的校训。我经常反思警醒，作为教师，我们切不能因为出发久了、从事教育时间长了，就忘了当初的目的：教育是为了人的发

展，一切都应以学生发展为本。

实验中学努力搭建多样化的成长平台。即使面对全国统一的高考试卷，我们也应坚持让学生全面而有个性地发展。今天的教育需要我们给学生以更多的平台，去发展他们的沟通能力、领导气质和组织才干。学校积极支持社团活动，开展“致青春”系列展演，开办狮山大讲堂，成立“心语轩”等社团。给学生舞台，学生就能演绎精彩，江枫文学社社刊获全国社刊评比特等奖，辩论社于2016年、2017年分别获苏州大市辩论赛的冠、亚军，“七月是你的盛夏”义演得到社会和慈善机构的高度关注，模拟联合国和模拟政协团队在全国、省市展示会上惊艳省内外。我们搭建的平台既让学生获得了成长的锻炼，又展示了学生的才华，让校园充满了活力。

二、守住教育的良心成就教师的层进发展

教师团队的建设决定着学校的教育质量。重视教师团队的建设，才能保证学生的利益。重视教师团队的培养与发展也是保证教师的利益。

实验中学历来重视师资队伍建设，很早就启动了“三层九级”教师培养机制。随着学校的发展，教师年龄结构问题日渐显现，青年教师培养已成为当务之急。学校目前采用教师聘任制、以赛代训制、成长激励制等措施促进教师快速成长。通过层层聘任机制，打造以班主任为核心的班级任课教师团队和以备课组长为中心的学科教学团队。注重发挥名特优教师引领、示范作用，成立学术委员会，营造教育科研氛围，引导教师专业成长。近两年，学校教师获省市级大奖人数大幅增加，每个教师的获奖背后都有一个团队的力量与智慧。目前有层次性、梯级性的教师团队正充满积极、向上的正能量，向更高的平台发展。

2018年是江苏省实行新的高考改革的起始之年，如何在培养学生核心素养方面占得先机，如何实施深度学习，如何顺应互联网＋教育的大趋势，这都需要我们加强教师队伍的培养。我们既要保持定力，坚守成功的做法，又要清醒地认识到必须探索更有效的培养机

制，让教师在获得成功的愉悦中迅速成长，让学校师资结构获得合理的优化，最终让学生享受到高质量的教育水平。

三、守住教育的良心成就学校的文化特色

一所学校之所以有别于他校，根源在于学校的文化，而学校文化的根本属性就在于传承。所以，让学校拥有独特的气质、个性的氛围、特色的课程是教育者治校办学的良心。

实验中学的管理文化就在于“严”“活”“精”“细”。学校经过二十几年快速发展，获得了长足的进步的同时也听到了外界的一些不同的声音，我们在用心倾听，也在用心反思。学校办学成绩的事实证明，是实验中学成立以来严而有度、活而有序，精心规划、细致落实的管理，才让大实验在短短的二十几年里赢得了社会的赞誉和家长的口碑；是实验人持之以恒的努力才达到现在这样的层次。这是我们管理文化的财富，需要我们守持和延续。

实验中学的校园文化聚焦于狮山文化。学校以搬迁新校区为契机，广泛听取师生意见，从重新设计校徽开始，致力于学校文化的重建。借地利之便，打造狮山文化，培养雄狮精神，让“汇聚狮山之麓，成就光荣与梦想”成为实验人的共识；让“独立性格、自信果敢、勇于争先、王者风范”成为实验学子共同的追求。

奋进中的实验中学，正站在新的节点上思考着未来的发展目标与方向，借鉴国内外高中的办学理念，坚守教育的良心，秉承成就个性、全面发展的教育理念，努力把实验中学办成一所高质量、现代化，具有实验性、示范性、开放性的全国名校。

［本文发表于2017年12月《华人时刊（校长）》］

唯真唯实，至优至雅：用特色校园文化建设推进教育现代化

魏超群教授在《城市教育现代化的实践与探索》一书中明确说，

“创办特色教育是教育现代化的终极目标”。一所学校，再坚固的校舍也难敌百年沧桑，再优秀的教职工队伍也免不了新老更迭，而能推动教育不断走向现代化、使教育质量持久不衰的，唯有其特色的校园文化。因此，挖掘校园文化内涵，加强特色文化建设，培育独特的精神气质，铸造师德校魂，从而达到以文化人、立德树人的办学目标，是每一所学校的应然追求。

江苏省苏州实验中学创办于 1994 年，坐落于狮子山麓，位于苏州高新技术开发区的核心区域，1998 年通过省重点中学验收，2000 年被评为国家级示范高中，2004 年转评为江苏省首批四星级高中。学校是江苏省内一流名校、苏州教育最优质的品牌之一。2014 年学校又经同济大学设计，进行了原地重建。2016 年起，为放大优质教育资源的影响力，推动教育区域均衡发展，积极推动集团化办学，江苏省苏州实验中学科技城校区于 2017 年成立，位于苏州科技城核心区域，2018 年 9 月新校区正式启用，11 月，苏州实验中学教育集团正式挂牌成立。

时代在快速发展，经济在飞速增长，学校遵照国家“十三五”发展规划纲要的指引，自我加压，挖掘特色，打造亮点，加速教育现代化的办学进程。学校以狮山之麓为切入点，挖掘地域传统文化，打造教育特色。目前已形成了以“唯真唯实”的校训为核心的特色校园文化——“狮山文化”；将“雄狮精神”贯穿于学生成长、教师发展的全过程。

党的十八大就提出，“把立德树人作为教育的根本任务，培养德智体美全面发展的社会主义建设者和接班人”。因此，实验中学就树立了“使优秀成为实验人的习惯，使高雅成为实验人的举止”的教育标准。把“汇聚狮山之麓，成就光荣与梦想”落实为实验人共同的目标追求。学校坚持“全面发展、突出个性”的育人理念，在长期的课堂教学探索和改革的基础上，学校形成了“原味 · 灵动 · 高效”的课堂教学特色，在稳抓教学质量的同时，重视提高学生的综合素质和实践能力，开发并实施丰富多彩的学生兴趣小组活动，使学生在活动中认识自己、锻炼自己，从而更有方向性地进行生涯规划。

一、唯真——教育现代化的起点

"真"即真理、真知、规律、本质，是一切事物的本来面目；"真"还是一个过程，即坚持科学精神，探求事物本质，探索、追求真相的过程。陶行知说"千教万教教人求真，千学万学学做真人"。"真"是教育的基础也是教育现代化的起点。"真"强调教育的真实基础、教育的真实发生与教学的真实情境。

首先，让学生在成长中真切地认识自我。

教育现代化强调的是学生的自我觉醒与自主个性成长，这是教育现代化的基础。为了让学生对自我有一个清晰的认知，在高一新生进校时，我们首先进行心理测试，以把握学生的心理现状。高一上半学期，通过一系列的人格和生涯测试，如 MBTI 性格测试、霍兰德兴趣测试等，让学生对自己性格、兴趣、能力等方面有所了解，并指导学生综合考虑选科，初步掌握生涯规划的知识，根据自己的兴趣、性格、能力、价值观等进行高中生涯规划，做到了解自我，了解大学、职业等外部环境，从而实现目标管理，学会自主选择，对自己负责。为了让学生更准确地认识自我，我校利用校园文化活动这一载体，为学生提供发展个性特长、强化个性特征的机会，比如奥赛集训、社团活动、综合实践和探究性学习等。这些活动，为学生创造了锻炼的机会，让学生积极参与，先行体验。这些活动帮助学生更明确地辨清了自己的兴趣与特长，锻炼提高了综合实践能力。我校的这些举措体现了教育的人本化和个性化本质。

其次，教师在教学中设置真实情境。

新课程强调教学的真实情境。教师有目的地引入或创设具有一定情绪色彩的、以形象为主体的生动具体的真实生活场景，以引起学生一定的情感体验，从而帮助学生理解教材，并使学生的心理机能得到发展。真实情境的核心在于激发学生的真实情感。为此，学校提出"原味·灵动"的课堂教学追求。"原味"一是强调以人为本的教育原味，以真实的学生学习基础为起点进行教学；二是强调学科的教学原味，"原味"即要求我们的课堂教学立足于学科的基本任务，明确各学科课程的定位，体现学科基本特点。教学风格上，它呈现的是质朴纯正，不作秀、不旁逸，让学生品味到原汁原味的学科精华。

最后，教育在“适合”中真正产生。

当教育适合学生，学生适应教育，教育才能成为学生的真正需求，教育才开始产生。高中阶段课程内容变难，课业量很大，对于学生学习能力的要求更高，许多学生因不适应高中学习而很被动。为使学生尽快适应高中学习生活，在高一新生报到时，我们就分发新生报到手册，对即将开始的高中学习生活给予引导，并要求各学科进行概括性学习指导，强化初高中衔接过渡教育，引导学生树立目标意识，为后面的选科分班提供依据。为避免学生目标确定的盲目性，我们注意教育目标的层次性和具体性。学生之间的差异是客观存在的，教师分析不同层次学生现有的发展水平，根据学生的不同情况制定不同层次的目标，并对不同层次的学生因材施教，扬长补短。这样，不同层次的学生就都能够在教师的辅导下轻松愉快地学习，自觉性也就提高了。让每一个学生都确定自己心仪的高校，统计张贴在教室墙上，变成触手可及的目标，不断激励自己。

二、唯实——教育现代化的生成

“实”即实事求是、扎实真干、务求实效。基础教育的重要意义是奠定人生底色，高中阶段在人才培养中起着承上启下的关键作用。高中教育是基础教育的最后一站，是通向高等教育的出口与衔接点，是学生成人的最后加油站。教育是一步一个脚印的踏实历程，来不得半点虚浮，更不能形式化。苏州实验中学历经短短的20多年办学历程，迅速成为苏州最优质的教育品牌之一，靠的就是扎实的教育努力。

十年树木，是要树扎实地在原地向下扎根汲取营养，向上抽枝争取阳光；百年树人，就是要以务实的态度让每一位学生在每一个瞬间都有触动，在人生的每一处拐角都有指引，让学校的每一个细节都有动人的风景。让每一朵花都开出最美的样子，让每一位学生都成长为最优秀的自己，这就是教育的质量！

首先，学校以狮山文化为特色的校园环境建设，处处体现“实”。让“汇聚狮山之麓(太湖之滨)，成就光荣与梦想”的口号深入每一位学生心中；校园中心文化墙雕刻，以“石”喻实，以“真”“实”两字为主体，突出强化了“唯实”的学校氛围。

其次，教学中处处体现“实”。如果说实验中学追求的“原味·灵动·高效”的课堂中“原味”是校训“唯真”的要求，那么，“灵动”则是校训“唯实”的表现形式。在实验中学判断一堂好课没有绝对的标准，但“原味·灵动·高效”的高效课堂至少应该达到：充实、扎实、丰实、平实和真实。充实，即一堂好课应是一堂有意义的课，至少能让学生学到东西，并激发学生继续学习的热情；扎实，即一堂好课应该是一堂有效率的课，能让学生在课堂上掌握所学知识；丰实，即一堂好课应该是有生成性的课，应该是学生和教师智慧的互动；平实，即一堂好课应是常态下的课，不求热闹，不求形式；真实，即一堂好课应该是切合教学实际的课，扎实有效，而不是表演作秀的课。“灵动”课堂追求的就是“生成性”，突出核心素养的生成，实现课堂知识容量、有效信息交互量和思维活动容量的最大化，最终实现学生发展的最大化。

最后，务实追求教学的高质量。我从 2015 年来实验中学工作以来，始终把“质量”一词放在首位，这已几乎成为每次开会的口头禅。我经常说：“质量是教育改革发展的永恒主题，坚定不移抓好办学质量是底线。一所高中有责任、有义务让学生各自成长为各有特长、身心健康、积极向上、能为社会建设起积极作用的人，并让他们在高考中取得理想的成绩，升入他们心仪的高校。”

三、至优——教学的现代化追求

新时代迫切需要现代化的优质教育，让学生享受优质的教育资源，引导学生成长为优秀群体的一分子，这就是我们不懈的追求。

学校努力贯彻新课程精神，以生为本，开发优质综合课程、活动课程，调动学生积极性，形成品牌。着力打造诸如语文和英语的阅读课、吟诵课、经典鉴赏课、文学创作课、课本剧展演等系列精品课程，理化生等学科开发了动手探究实验课程、围绕省级课程基地实践平台的研究性学习课程，等等。注重对学生的激励性评价，实现师生、生生互动，使课堂教学的重心落在引导学生发现问题和质疑求新上，通过思想的感悟，思维的碰撞，激发智慧的火花，获得美的享受，形成教学的和谐境界。

学校以优化的教学管理为提升教育教学质量打下基础。学校突出分层教学的导向，如奥赛兴趣班，为有兴趣有能力参加奥赛学习的同学提供机会，让有探究兴趣的学生，各展其长；分层教学，实施走班化管理，最大化地提高课堂教学效率。

课堂教学质量的提升，必然伴随着学习评价系统的优化。实验中学结合课改理念，将教学“六认真”定义为认真进行教学设计、课堂教学、作业与检测评价、学生辅导、实践活动和教学研究。与传统“六认真”相比，我们将备课、上课更新为教学设计、课堂教学，将作业与考试考查合并为作业与检测评价，将课外活动变为实践活动。实验中学将课改理念融入教学管理的每一环节，促进了教学质量的提升。

学校依托省市课程基地的优越条件，培养学生的特长。依托“资源循环技术与环境保护”省级课程基地，整合教学资源，拓宽学生视野，打造综合实践课程。课程基地建构包括两个模块：资源循环利用技术和环境保护与污染控制。开发丰富而有特色的相关课程资源，创设具有鲜明特色的教学环境，建设促进自主学习的互动平台，形成学生实践创新的有效路径。市级“诗意姑苏”语文课程基地，立足于我校的优势学科，统筹整合大文科阅读资源，走出校外，与苏州市枫桥景区签订合作协议，共享地域传统文化成果，立足校内挖掘学生潜力，以江枫文学社、朗诵社、演讲社、戏剧社为基础，以“致青春”诗歌朗诵比赛、课本剧展演、诗词大会等形式，开展综合学习活动，调动了学生的积极性，激发了学生的活动热情，发展了学生的特长。

翻看“实验学子”的优秀学业成绩单，“实验人”底气十足。近年来，学校高考成绩主要指标稳居苏州大市第一方阵前列，本一率达80%以上，累计7人获“李政道奖学金”，20多人进入清华、北大深造，众多学生考入南京大学、复旦大学、上海交大、中科大、浙江大学等国内名牌高校。学科奥赛更是学校的传统优势项目，大批学生在全国和省市级竞赛中连获高级别奖项，并通过保送和自主招生升入著名高校，仅近五年，学校就有上百人在学科奥赛中荣获省一等奖。除了传统的五大学科竞赛，近年来学校在语文、英语、科技等领域的竞赛中也屡获佳绩，每一年都有学生参加“语文报杯”现场全国作文大赛并获全国一二等奖；参加创新英语大赛并获全国一等奖；在全国中小学生金钥匙科技竞赛中获得特等奖、一等奖。2019 年学校被评为金钥匙科技竞赛省级先进学校。

我在接受媒体采访时说：“新时代的孩子承载着一个家庭的未来和希望，我们办现代化的教育就必须为每一个孩子的终身发展负责，为他们提供优质的教育服务，这是教育人的良心所在。”

四、至雅——育人的现代化目标

习近平总书记在全国教育大会的重要讲话中再次强调，坚持把立德树人作为根本任务。学校的每件小事都不小，每一项活动都是教育行为。现代化进程中的教育不再是扫盲与知识的普及，而是要提升学生的人文素养。实验中学就是以“至雅”为育人标准，高雅其志趣、儒雅其气质、文雅其谈吐、优雅其举止、清雅其为人。

高中生正处于向成熟的青年期过渡的时期，在这一时期，生理发育迅速走向成熟，而心理发展却相对缓慢。这个阶段的孩子看问题易偏激，逆反心理与盲目崇拜并存，以自己为中心、缺少责任感，因此加强学生的自我认知教育极为重要。要让他们明白，什么是真正的“雅”，在成就“雅”的过程中，什么是他们真正想要的，什么是他们能要的，什么是他们必须要的。

我主持研究的一个省级课题“基于师生积极情绪的中学学校文化建设的研究”，虽然已经结题，但给学校教育管理的影响还在继续。学校将生命化理念引入课堂教学，以丰盈个性化的生命为目标，激发生命潜能，调动积极情绪。为激发学生的积极情绪，学校利用各个特殊的时间节点，加强学生的励志教育。每个年级都有各自特色的励志课程，每周的班会课已纳入正式的课时安排；狮山讲堂的著名校友励志演讲、专家学术讲座和学习心理辅导讲座，已成为常态。使每一个学生都能找到自己的兴奋点、激励点和增长点，为学生在成长中形成持续发展动力、成就个性化素养夯实良好的基础。调动积极的情绪，重视个性情感因素的培育，让师生明白，向上的追求比学科知能更为重要。

新时代孩子们的生活是幸福的，往往缺少社会生活的体验，没有经历过人生的劳苦辛酸。因此教育在现代化进程中就需要去适时引导，开展丰富的社会实践活动。实验中学在这里给他们实践的机会，让他们有所作为，他们或立足于校园，进行垃圾分类、废品回收；或走出校园，捡拾垃圾，净化景点环境；或走进福利院，服务老人、孩子；或走进社区服务站、图书馆等场所做义工。模拟政协社团，在2018年7月冒着酷暑，踏着热浪，走访环卫场所、建筑工地的室外工作人员，在充分调研、细致讨论的基础上，提出了《关于建设露天工作者休息点》的模拟提案，被评为全国优秀提案，并被推荐提交到江苏省政协十二届二次会议。疫情形势严峻期间，微尘社第一时间筹款76 581元，为武汉8家医院购置了医护用品。通过参与各种活动，社团成员感受到肩负的社会责任，培养了勇于担当的精神。

孩子的人文素质既表现在内在修养方面，也外化为日常的行为和谈吐。一群举止文雅、志趣高雅、气质儒雅、富有担当精神的学生，相伴相学，共同散发出一种独特的人格魅力，然后他们走出校园，走向社会，迅速成长为社会各界的精英翘楚。这就是学校文化的魅力！实验中学正努力让狮山文化具有这样的魅力。

［本讲话发表于“学习强国平台·长三角一体化教育菁领论坛”2021年2月23日］

好风凭借力，登高拿云时

——江苏省苏州实验中学教育集团办学思路

2019 年 7 月 29 日，苏州市教育大会的召开，昭示着苏州教育发展的东风来了！周乃翔书记在教育大会上，针对普通高中教育提出："加强普通高中教育，积极实施普通高中'高品质计划'，实现高考本一上线人数、高分段人数同步增长，促进全市公办普通高中全部达到省优标准。"依据周书记的讲话精神，凭借教育的东风，我们积极对照教育集团的发展现状，进行梳理思考，扬长补短，努力争先，力争让教育大会的精神在学校落地生根，开花结果。

一、高起点规划，建有品位的学校

1. 集团硬件建设的高起点

高起点规划、前瞻性建设，正是新兴教育集团的优势，我们借用这个优势，强化环境文化教育的意义。

江苏省苏州实验中学(南京大学苏州附属中学)创办于 1994 年，1998 年通过省重点中学验收，2000 年被评为国家级示范高中，2004 年转评为江苏省首批四星级高中。仅仅用了 20 年，成为高新区教育的龙头学校，苏州教育最优质的品牌之一，2018 年 11 月，江苏省苏州实验中学教育集团正式挂牌。集团重视学校的硬件规划建设，为使办学硬件具有前瞻性、现代化特征，2014 年，学校经由同济大学以"一座有温度的书院"为主题，重新设计规划，于原址重建。灰墙黛瓦，错落分明；原木色窗格飞动，九曲回廊接南北；信息化教学理念先进，设施融古典园林与现代化风格于一体。拾级而上，姑苏地域文化次第展开，雄狮精神内涵层层解读，着眼细节，处处育人，使学校既成为一个安静的读书场所，也成为一方浸润书香的胜地。

2017 年 9 月，经过精心规划设计，在苏州科技城核心区域开始建设科技城校区，校区的设计建造沿承了本部的"温度书院"风格，环恩顾山而建。借山入校，引湖入园；林深草盛，花香蝶舞。山清水秀，地灵人杰。新校区建造融入智慧校园的理念，以物联网为基础，将校园工作、学习和生活一体化，将教学、科研、管理和校园生活进行充分融合，突出信息化教育的方向，已成为科技城区域的重点学府、读书胜地。

2. 学生生涯规划的高起点

硬件建设的高起点规划只是高质量教育的基础。让学生有清晰的未来方向，高起点的生涯规划必不可少。2016 年，江苏省率先将“自我认知与生涯规划”正式列入高考综合素质评价的内容，我校中学生生涯规划课程也同步启动。尊重学生在教育中的主体地位，使学生获得谋生技能，并建立个人的生活形态，体现了教育的人本化和个性化本质，这是生涯规划的要义。为了让学生对自己有一个清晰的认知，我们运用测量工具，集中测试学生个性倾向，让学生对自己性格的几个维度进行全面了解，指导学生综合考虑学科和生涯方面的因素，根据自己的兴趣和特长，做到会选择、能选择，由被动选择变成主动选择。

高起点规划不是好高骛远，目标虚高，而是规划能力的高水平，规划内容的高度可行性。为了更准确地对个性倾向进行明确认知，我们利用奥赛集训、社团活动、综合实践和探究性学习等活动，为学生创造锻炼的机会，让学生积极参与，先行体验。每一年暑假，我们都要组织一批学生去南京大学等高校参观学习，领略了解各研究学习方向，让他们逐渐明晰心目中的未来。每个学年的第一个学期结束，我们都会邀请刚毕业的高三学生组成宣讲团，向在校学生介绍大学生活与所学专业的情况，让他们的生涯规划更贴实、更清晰。

智利诗人米斯特拉尔说：“我们所需要的很多东西都可以等待，但孩子所需要的东西却不能等待。他的骨骼正在成形，他的血液正在生成，他的心灵正在发展。我们不能对他说明天，他的名字叫今天。”我们的教育目的就是让受教育者抓住今天的时间，成就未来。帮学生夯实人生的根基，帮他们找准自己的人生方向，这样，学生的发展便不再盲目，他们也就有了一个明朗的未来。

3. 新课程新高考应对的高起点

在新课标颁布之后，我们就开始关注新高考试点省份的改革情况，不断地了解一线教学的变革，不断派出干部、教师从不同层次不同视角来观察研究试点情况，在江苏新高考方案出台之前，我们对教育部的新高考方案理念有了较为准确的把握，在选科与走班上提前开始了试点，并强化选修学科的教学，提升课改的站位。

我们适当调整学科课时，加强教师的学习和培训，尤其是在新课程、新理念、新手段、新题型上的研究和学习，尽早尽快适应新高考的要求。高中学生，生理上已接近成人，可心智尚不成熟。这个阶段的学生看问题易偏激，逆反心理与盲目崇拜并存，因此加强学生的自我认知教育极为重要。要让他们明白，什么是他们真正想要的，什么是他们能要的，什么是他们必须要的。现在江苏省新高考方案已经出台，高考专业选考科目要求也已发布，针对这些最新高考改革政策内容，我们正组织教师积极学习思考，并对其中的变化及影响进行细致的解读，重新编制选科手册。依据学生的学科优势、兴趣爱好和生涯目标指导学生选科，引导学生进行外部信息探索，综合考量各项信息，以选出科学合理的学科组合。

二、高质量追求，建有内涵的学校

1. 教师队伍的高质量

强大的师资队伍是办学高质量的前提。建设结构合理、素质优秀的“四有”教师队伍，是提升办学水准的关键。我们正走向以自主培养为主，引进为辅的师资建设之路。青年教师的培训已成为学校工作的重要内容，学校成立学术委员会，引领了教师的发展方向，良好的教师成长机制正在形成。我们教师队伍建设的追求就是让优秀教师能进得来，让青年教师能长得快，让名特优教师能吃得开。

学校推行“教师职业生涯规划”工程，让教师的专业成长有目标；制订《三层九级教师梯队建设方案》，为学校全体教师量身定做了一条专业上升的阶梯，将个人的专业发展与学校的整体发展进行了有机的整合，增强了教师的职业荣誉感和历史使命感。学校不断创新和完善管理机制，出台了《江苏省苏州实验中学教育科研奖励条例》，激励广大教师加强教学研究和提升专业层次，激发了青年教师专业发展的内驱力，形成了教师“我要发展”的良好氛围。用教育实践锻炼压担子，学校创设条件吸引教师担任班主任、上公开课、开设党员示范课等，帮助教师在实践中长才干。青年教师校内基本功比赛、优质课评比活动常态化、制度化，有力地促进了教师创优争先，精益求精，一大批青年教师就是从校内的赛课中脱颖而出，进而获得市、省教学基本功大赛一等奖。

2. 课堂教学的高质量

我校努力构建特色课堂，为学生提供合适的教育。仲尧明校长说：“质量是教育改革发展的永恒主题，坚定不移抓好办学质量是底线。一所高中有责任、有义务让学生……在高考中取得理想的成绩，升入他们心仪的高校。”分层教学，因人施教，让学生充分发展自己的特长，个性化地成长，这是我校秉持的教学理念。学校经过精心提炼，提出构建“原味·灵动·高效”课堂。“原味”即立足于学科的基本任务，明确各学科课程的定位，体现学科基本特点。我校着力打造了诸如语文和英语的课本剧课程、诗文吟诵课程，理化生学科的探究实验课程等，学生兴趣盎然，积极参与。“灵动”要求打造“生本课堂”，注重对学生的激励性评价，引导学生发现问题和质疑求新，通过思想的感悟，思维的碰撞，激发智慧的火花，强化课堂的生成。“高效”则是强化有效教学的理念，突出分层教学的导向，如奥赛兴趣班，为有兴趣有能力参加学科奥赛的同学提供了机会，让一大批学生获得了省奥赛一等奖；探究开设兴趣班，各展其长，学生在金钥匙科技竞赛、清华大学登峰杯比赛、全国创新语文大赛等各项赛事中都摘取了包括全国特等奖在内的多项大奖。分层教学，实施走班化管理，最大化地提高课堂教学效率，实现课堂知识容量、有效信息交互量和思维活动容量的最大化，体现学生发展最大化的理念。2019年，我们的物化、物地组合选科走班试点班高考成绩优秀，验证了为学生提供合适教育的个性化走班措施的正确性。

3. 社团建设的高质量

学校十分重视和支持学生自主组织的社团活动。社团涉及法律、文学、艺术、体育、劳动、社交、辩论等多个领域，如江枫文学社、模拟联合国、模拟政协、“根与芽”、银石艺术团、潇漫工作室、行摄人生等。这些社团经常举办大型活动，并由学生自己策划、组织和评价。不同风格的社团组织，丰富多彩的活动，为学生提供了锻炼自我、展示自我、提升自我的舞台，也给学校文化建设带来了生机和活力，形成了学校民主的思想环境、健康的文化气息、蓬勃的创造精神，使学校素质教育再上新台阶。我校江枫文学社已经成为华东地区影响最大、最成功的文学社团之一，先后获“第六届新作文杯全国高中学生作文大赛优秀组织奖”和“全国优秀文学社团”称号，《江枫文学》杂志被评为“全国第四届优秀校办报刊一等奖”、“银瑞杯”江苏省首届中学优秀校报校刊评选特等奖。在苏州大学承办的第四届全国“模拟联合国”大会上，作为唯一的一所中学代表团，我校高一学生组成的中文代表队获得团体“最佳表现奖”，英文代表队获个人“最佳立场阐述奖”。“根与芽”社团和模拟政协获苏州市“高中生十佳优秀社团”荣誉称号。2018 年模拟政协通过详细、认真的调研形成提案，委托省政协委员仲尧明校长提交给江苏省政协，得到省政协领导高度赞赏。我校学生辩论队参加苏州市第三届、第四届“看我 72 辩”中学生系列辩论赛并分别获得总决赛冠、亚军。在由江苏省文明办、省教育厅主办、江苏教育报刊总社承办的江苏省中小学“校园心理剧”优秀剧目征集评选活动中，我校选送作品多次获得省一等奖、特等奖，同时我校被授予“江苏省校园心理剧创作示范学校”荣誉称号。

2019 年 6 月，学生自主发起了社团嘉年华活动，邀请了 30 多个社团现场展示。《扬子晚报》的“扬眼新闻”进行了现场直播，开播两小时点击量就超过 50 万。这些活动帮学生更明确地辨清了自己的兴趣与特长，锻炼提高了他们的综合实践能力。

三、高品质导向，建有文化的学校

1. 以立德树人为导向

高中阶段是国民教育体系重要的组成部分，在人才培养中起着承上启下的关键作用。实验中学，着眼未来，以生为本，全面落实立德树人的根本任务。我们常说“质量是学校的生命线”“抓质量是学校永恒的主题”，这里所说的“质量”应该是“科学质量观”的“质量”，它是可持续的质量，是整体的质量，是德智并举的和谐的质量，是让学生快乐幸福的质量。如果一味片面追求考试成绩，只用一把尺子衡量学生，这不叫真正的高质量。高中教育的确肩负着升学考试的重要责任，我们有责任让学子不辜负各自的天赋，在升学考试中考出最理想的成绩，走进他们最心仪的大学，但这绝不是教育的全部，只应是教育之后的一个副产品，而不是教育的唯一目的。在不久前的全国教育大会上，习近平总书记强调，教育要以凝聚人心、完善人格、开发人力、培育人才、造福人民为工作目标。我们一直坚持的“全面发展，突出个性”也就是在强调“人”的教育，而不是“成绩”的教育。

2. 以特色发展为导向

我校以全面而有个性地成长为理念，聚焦内涵品质提升，以省内一流、国内知名、国际有影响为建设目标，突出强化办学理念。学校秉持实验性、创新性的办学理念，进行“普通高中学生个性化素养学程的设计与实践”这一课题的研究，分别由“整合、优选、发展教学实践策略研究”“基于师生积极情绪的中学学校文化建设的研究”等 5 个江苏省教育科学规划课题组分块研究、分组论证、分段攻关，历经数年，并经省内外兄弟校的推广验证，相关研究成果分别获得江苏省优秀教学成果一、二等奖。

目前，学校依托省“十三五”的重点课题“基于核心素养的普通高中学校课程优化统整的研究”，进一步加强课程统整，加强校本化课程体系建设，构建适合每个学生发展的课程。建立学生发展指导中心，加强对学生理想、学业、择业等的生涯指导。在个性化素养学程设计过程中，实验中学积极优化课程设置，做好学校课程的优化统整，通过课程设置的优化、校本课程的开发，来满足学生个性化的发展需求。学校开发了 30 多门贴近生活、深得学生喜爱的校本课程，搭建了多样化的成长平台，去发展他们的沟通能力、领导气质和组织才干，既让学生获得成长的锻炼，又展示了学生的才华，让校园充满了活力。

学校以省市课程基地为抓手，打造特色学科教育基地。学校依托“资源循环技术与环境保护”省级课程基地，整合教学资源，拓宽学生视野，打造综合实践课程。省课程基地建构包括两个模块：资源循环利用技术和环境保护与污染控制。秉持“体验、探究、综合、自主和拓展”的核心理念，倡导学习方式和教学方式的转变，开发丰富而有特色的相关课程资源，创设具有鲜明特色的教学环境，建设促进自主学习的互动平台，形成学生实践创新的有效路径。市级语文课程基地“诗意姑苏”，立足于我校的优势学科，统整大文科阅读资源，校内挖掘学生潜力，以江枫文学社、朗诵社、演讲社、戏剧社为基础，以“致青春”诗歌朗诵比赛、课本剧展演、实验诗词大会等形式，开展综合学习活动，调动了学生的积极性，激发了学生的活动热情，发展了学生的特长。

3. 以提升文化内涵为导向

学习是有目的的身心发展教育，课程是有目的的学习生活，而教育是有目的的文化促进。校园文化是学校烙在学生心里的印记，一所学校之所以有别于他校，根源在于学校的文化，而学校文化的根本属性就在于传承。所以，学校拥有独特的气质、个性的氛围、特色的学程，方是学校的内涵。

实验中学的管理文化在于“严”“活”“精”“细”。学校经过二十几年快速发展，获得了长足的进步，优异的办学成绩证明，是实验中学成立以来，严而有度、活而有序、精心规划、细致落实的管理，才让大实验在短短的二十几年里赢得了社会的赞誉和家长的口碑；是实验人持之以恒的努力才达到现在这样的层次。这是我们管理文化的财富，需要我们守持和延续。

实验中学的校园文化聚焦于狮山文化。学校地处狮山之麓，一百多年前朱梁任以天下为己任，组织志士进行狮子山招国魂的壮举，为民族觉醒而呐喊的呼声犹在耳边。学校借地利之便，打造狮山文化，培养雄狮精神，让“汇聚狮山之麓，成就光荣与梦想”成为实验人的共识；让独立性格、自信果敢、勇于争先、王者风范成为实验学子共同的追求，走坚持以育人为中心、努力提升学生品格的内涵发展之路。

好风劲起，时不我待。江苏省苏州实验中学教育集团将在已创下的丰厚基础上，抓住机遇，苦练内功，提升品质，外修形象，乘风高扬，以办人民满意的教育为要务，踏实走上高品质办学之路。

［本文发表于2019年江苏省高中教学工作会议］

弘扬“雄狮精神”，培育“好教师”团队

江苏省苏州实验中学创办于1994年，坐落于狮子山麓，位于苏州高新技术开发区的核心区域。1996年，学校与南京大学签订共建协议，挂牌南京大学苏州附属中学，1998年通过省重点中学验收，2000年被评为国家级示范高中，2004年转评为江苏省首批四星级高中。2014年原地重建。2017年苏州实验中学科技城校区成立，2018年11月苏州实验中学教育集团正式挂牌。

自建校以来，学校挖掘地域传统文化，打造校园特色文化，目前已形成了以“唯真唯实”的校训为核心的特色校园文化——“狮山文化”；将“雄狮精神”贯穿于学生成长、教师发展的全过程，使优秀成为实验人的习惯，使优雅成为实验人举止的标准，把“汇聚狮山之麓（太湖之滨），成就光荣与梦想”落实为实验人共同的目标追求。

学校现有在职教师312人，其中有江苏人民教育家培养对象1名，特级教师6名，正高级教师8名，大市级名教师、拔尖人才8名，大市级学科带头人20名。学校有省级名师工作室主持人1名，市级名师工作室主持人1名，区级名师工作室主持人6名，区兼职教研员3名。学校“雄狮先锋号教师团队”是苏州市“四有”好教师团队培育工程的重点项目。

苏州实验中学立足校本实际，不断创新办学思路，拓宽师资培育渠道，加强师德师风建设，提高教师的师德修养，不断增强专业技能，全面落实立德树人的根本任务，在教师队伍发展方面做了大量工作，获得了突出的成效。

一、三层九级，有序发展

建设高品质高中需要一支热爱教育、热爱学生、懂得教育教学规律、教学业务精良、努力奉献岗位的教师团队。建设一支高品质教师队伍，是高品质高中建设的基础工程。学校推行“教师职业生涯规划”工程，让教师的专业成长有目标，并通过实践锻炼压担子。出台了《三层九级教师梯队建设方案》，为学校全体教师量身定做了一条专业上升的阶梯，将个人的专业发展与学校的整体发展进行了有机的整合，增强了教师的职业荣誉感和历史使命感。

“三层”是指区、市、省三个层次，在教学竞赛、职称晋升、荣誉申报等方面为教师营造努力进取、积极向上、公平竞争、透明管理的成长氛围；九级是指校骨干教师、校学科带头人、区教学能手、区学科带头人、市学科带头人、市拔尖人才（名师）、市领军人才、省特级教师（正高级教师）、省教育名家等九个级别的骨干教师称号。每晋升一级，学校都会在年终绩效发放上予以奖励，引导教师积极创造条件自我发展。

教学竞赛比的是教师的真功夫。为了让教师既能站得稳课堂又能上得了赛场，学校创设多种条件，广开各种公开课、示范课、研讨课、党员示范课等，帮助教师在实践中长才干。实践的历练，让广大青年教师敢上市级公开课、能上对外展示课、争上区级示范课、普上校级研讨课。学校定期举办青年教师校内基本功比赛、优质课评比活动，使校内的比赛常态化、制度化，赛后学校组织名教师对年轻教师的教学竞赛情况进行全面点评，有力地促进了教师创优争先、精益求精，使一批青年教师从校内的赛课中脱颖而出，进而获得市、省基本功比赛一等奖。“十三五”期间，我们共有 13 位老师获得 12 个省级奖项，有 42 人获得苏州市各类教学比赛一等奖。

职称晋升靠的是教师的综合实力。学校及时公布晋级的相关要求，提醒适龄教师提早准备，补差补缺，教学履历无瑕疵、教学实绩不虚浮、业务材料够硬气，让每一位获得晋升的教师都感到理直气壮，没晋升的教师能心服口服。学校现有具备高级职称教师 142 人，占专业技术岗位教师总数的45.5％，职称晋升逐年进行，已经形成了职称看实力、能者都可上的良性循环。

骨干称号、荣誉评定，比的是教师的能力与贡献。评优评先的目的是优化管理、激励优胜，给优秀者荣誉，形成积极向上的正能量。学校以教师自主申报为基础，组织学术委员会量化评比，学校党政联席会认定，公示上报。让出线者名副其实，未上者明白差距。

二、岗位聘任，强身健骨

教师的发展不为发展而发展，而要立足于本职工作，站好讲台，这才是立身之本，教师发展的终极目的是提升教育教学的水平，而不是成为高层次的“花瓶”。实行岗位聘任，给用人部门以自主选才的权利，就是要让能者上，庸者下。学校采用三级聘任的方案，校长室首先组织竞聘部门年级中层管理干部，学校与年级组签订管理责任与教学质量的相关协议，达不到相关目标则予以解聘。其次是年级管理组聘任班主任，第三步是由班主任聘任任课教师。落聘者可以参与教辅岗位的竞聘，如果仍落聘，则按待岗处理。

岗位聘任制，使教师从入职开始就尽力站稳讲台，积极提升自我，快速成长为校级教学骨干。在岗位聘任过程中学校也出现了多个年级多个班级争聘同一名优秀教师的现象，这样的局面也深深刺激警醒了那些可能落聘、待聘的教师，提醒他们，如果不能“强身健骨”，快速提高技艺，必然会被社会淘汰。岗位聘任打破了论资排辈的旧习，改变了教师心目中体制托底的认识，也让一些青年才俊快速成长为抢手的教学骨干。

严玲玉老师，2016年工作，任教2019届高三后，成绩显著；2020届高三立即留聘，高三语数外大都是单班，这已成惯例，而年级组却安排她教两个班，严玲玉很惶恐，但学校给予了充分的信任。她努力刻苦，不负所望，学生高考成绩很优秀。2020年高一年级组又聘她到高一教强化班了，而且与她师傅余书朋老师教平行班，这样大胆的用人方式，快速促进了青年教师的成长。

陈嘉炜老师，2016年入职，入职4年他就获过市优质课、市信息化教学能手两个一等奖。2019 届高三聘任他，2020 届又聘任他，2021 届高三继续聘任他！此外，他还被聘为学校物理奥赛的核心教练员，还被聘为教育集团的团委副书记，负责学生社团等活动。

像这样的青年老师还有徐慧、施心恬……

三、三个工程，分段激励

对于青年教师的培养，各校都重视起来了，几乎每个学校都有所谓的“青蓝工程”，但青年教师经过三年或五年的培养后出师了，其成长期并没有结束，如何让教师继续获得发展的动力，向更高的目标迈进，这就是一个系统的工程。

实验中学针对不同年龄段的教师发展实际情况，出台了关于教师发展的三个工程：“青蓝工程”“名师工程”“再燃烧工程”。

“青蓝工程”几乎每个学校都有，但流于形式的多，新教师大多处于一种自然成长的状态。我们也看到一些学校对新教师的任用有急功近利的思想，要求“来之能战，战之能胜”，稍觉不满意，就来个“末位淘汰”，或“转岗就业”。其弊端是只重视“技”的成长，忽视了“道”。我们认为，教师的成长一是专业成长，二是精神成长，二者缺一不可。忽视精神成长，漠视新教师对教育的态度和情感，这是拔苗助长。其实，新教师的责任感、自豪感，他的爱和理想，对教育的美好体认和幸福感受，对他成长为一名优秀教师，把教育当作事业尤为重要，也更为关键。我们爱教师就要从教师成长的角度进行助推，这是对教师负责，是对他们的人生负责，也是最为重要的人文关爱。为了补足这个精神成长，我们的“青蓝工程”除了有常规的教学“七认真”考核，还在“师傅把舵带飞领航”“名师辅导增供营养”“青年论坛互学互帮”“压实重担根深苗壮”“赛考代训火炼金刚”“教学展示拔节助长”等六个方面下功夫。比如，新教师往往要经历到学校实习、在学校实训、回学校工作三个过程，我们教务处会精心在他们上大学时安排实习指导老师、实训时安排实训指导老师、入职后与教科室安排领航师傅。比如 2017 年入职的郭稳老师，实习的时候赵彦主任就安排张长松老师指导他，实训的时候就安排王维兵老师指导他，等他正式上班了，赵彦主任就自己指导他，这样不断地更换指导教师，用心良苦，就是为了让青年教师能博采众长。不仅如此，这些青年们还串联在一起，到处听课，每学期听 150 多节，而我们老教师也都开放课堂，欢迎随时推门听课，所以小郭在实验就有一堆师傅。

名师工程，是为青年骨干教师打造的成长工程。学校把有发展愿望与发展潜力的骨干教师组织起来，为他们配置发展导师，为他们量身定制个人的发展规划，补弱补缺，这些青年骨干定期向发展导师汇报成长情况。每学期我们都要安排各种活动，让名师引领，给青年骨干教师供养加餐。我们学校有一位省级数学名师工作室主持人，一位市级名师工作室主持人，有历史、语文、英语、化学、生物、地理 6 个区级名师工作室的主持人，有语文、数学两位省市乡村中学骨干教师培育站主持人，还有 10 余位苏州市名师共同体成员、培育站导师、苏大、苏科大的校外硕士生导师，这些名师组织的研讨活动，我们都鼓励和要求青年骨干参加。如今我们 40 岁左右的青年骨干中已有赵睿英等 3 名教师成长为苏州市拔尖人才，仅 2020 年我们就有 11 位教师被评为苏州大市学科带头人，13 人被评为区学科带头人。

进入壮年时期的高级教师，是学校教学工作的中坚力量，他们在专业上有着较高的威信与较大的影响，但往往在遇到职业发展的瓶颈后易进入职业发展的倦怠期，看不到希望，认为自己无缘金字塔顶端的晋级机会，名师的称号非他们所有，于是变得“佛系”而自甘懈怠。如何激发他们的工作热情，唤起他们的斗志，让他们享受成功的喜悦，这也是维系学校教育教学质量的重要因素。“再燃烧工程”正是针对这些教师制订的。根据各位资深教师各自发展的具体状况，学校制定了不同的激励措施。对那些在学术上已有发展基础的老教师，有针对性地进行计划引导，如考核奖励机制、骨干再提升激励，让这些老师能够积蓄力量、产生突破瓶颈的勇气；对那些教学功力深厚、不愿在学术上有进一步发展的教师，学校着重养其锋芒、用其特长，发挥其在学科竞赛辅导、新教师培养上的作用；对将在五年内退休的老教师，发挥他们的优势，让他们在开发校本课程、建设课程基地上施展才华。

四、制度保障，长效管理

随着集团化办学进程的推进，以优校带新校，办学规模短期内急剧扩大，教师的发展已上升为学校的重点工作，是学校良性发展的保障性工程。为此学校从保障机制上入手，不断创新和完善管理机制。

1. 健全教师发展部门

首先是健全教科室组织，使教育科研的相关工作从教务部门中独立出来并得到强化，突出了以科研兴教、以科研强校的发展思路。

其次，成立了学术委员会。学术委员会一是在教育科研的引领培训中配合教科室开展系列活动；二是在教职工晋级、评优、评先等学术鉴定、量化评估中独立运行，为学校党政联席会确定人选提供依据；三是在学校发展过程中提供前瞻咨询。

最后，成立教育集团教师发展中心。立足于集团层面，强化教师培训与发展要务，以三个工程为抓手，统筹协调集团的教师发展工程。

2. 健全教师发展制度

制度前进一小步，管理前进一大步。制度是理论发挥技术力量的重要条件，也是教师发展和学校建设的基本保证。比如学校落实继续教育制度，构建校本教研制度、全教学反思制度，改革评价奖惩机制。学校从教师的个人发展规划、实施过程、目标达成情况等方面，对教师专业发展做出评价和奖惩。制定《江苏省苏州实验中学教育科研奖励条例》，完善了《教科研管理细则》《课题研究管理办法》，激励广大教师加强教学研究和提升专业层次，激发了青年教师专业发展的内驱力，形成了教师“我要发展”的良好氛围。

五、项目引领，高品质发展

随着新课程改革进入深水期，新课标颁行、新教材使用、新高考变化都给现实的课堂教学带来挑战。为此，更新教学理念、改变教学观念是促进教师发展的重要内容。学校以课程、项目为抓手，引领教师转变观念，不断提升自己的能力素养。

一是以新课标为指针，抓好“原味·灵动·高效”课堂教学的特色打造。教务部门引导教师在课堂上努力突出教学“以生为本”的教育原味、以学科为本的教学原味，形成突出生命本位、让学生成为主角，找准生活坐标、让教学亲近生活，抓住生成特色、从解构走向建构的“原味”教学理念，从而达到学生积极主动、师生形成互动、课堂氛围生动的“灵动”教学效果。

二是以课题研究成果为导向，加强新高考背景下的学科建设、跨科学习、学科融通。2017 年，学校开发“普通高中学生个性化学程实践研究”，集中全学科教师的智慧，开发校本课程，获得省教学成果二等奖。在项目实施过程中教师校本课程开发能力得到了很大的提高。2017 年 4 月，我校省教育科学“十三五”规划课题“基于核心素养的普通高中学校课程优化统整的研究”立项，在过程中重视情境体验和实践动手，开发多种资源，开展各类综合实践活动，在强化综合素质培养上下功夫、见成效，课题组成员收获了很多。

三是以狮山文化为主题，抓好系列研修活动。做好团队建设的“原味教育”培训工作，有每半年进行一次的学科德育案例评比，有学科德育教学观摩，有综合课程沙龙与教学展示，有每月一次的与帮扶学校的线上研讨，以文化哺育人，以活动锻炼人。

四是以课程基地为抓手，抓好相关学科的教师团队建设。学校有省、市课程基地两个，在建设课程基地过程中努力从教与学两个方面突破，培养教师的课程研发能力，提升教师综合素养。依托“资源循环技术与环境保护”省级课程基地，整合教学资源，拓宽教师视野，打造综合实践课程。市级“诗意姑苏”语文课程基地，立足于我校的优势学科，统整大文科阅读资源，走出校外与苏州市枫桥景区签订合作协议，共享地域传统文化成果，挖掘学生潜力，以江枫文学社、朗诵社、演讲社、戏剧社为基础，以“致青春”诗歌朗诵比赛、课本剧展演、实验诗词大会等形式开展综合学习活动，调动了师生的积极性，激发了学生的活动热情，促进了教师的自我提升。

在激励教师努力发展的同时，学校注重人文关怀，严管而厚待。对待成长中的老师压担子，讲分寸；严要求，有依凭；下任务，能容错；用长处，不求全；去成见，看成长。正是因为实验中学管理层对教师爱得深、护得紧，因而青年老师们能在这里快乐健康地成长。

［本文发表于 2021 年 4 月《江苏教育》］

结语

我相信每一位青年教师在职业规划时，都曾怀着对教育的一片赤诚，都抱着为教育奉献青春的理想。但随着工作时间的消逝，教师们的教育热情往往被消磨，评定职称之后，有些教师的专业发展就陷入停滞；有些教师想要获得专业成长，但是并无好的途径。希望我的专业成长道路可以为想要获得专业成长的老师带来启示。

我的专业成长之路可以说明，想要获得专业发展，在入职初期就需要多学习、多实践。学习，学的是理论知识。因为历史这门学科的特殊性，随着新资料的不断发现与深入挖掘，其内容是不断纠错更新的，如果教师不能及时了解史学前沿，也就无法带给学生最新的历史观点。当然，学习的不仅是历史知识，作为教师，入职初期也是夯实教学基本功的最佳时期。多实践，就是要多听课、多备课、多上课，所谓“实践出真知”，只有多练，才能提升教学能力。此外，我的专业成长之路还启示我们，保持阅读，尝试教学科研，积极参加进修，这都对专业成长大有裨益。

一位名师之所以能成为名师，很大一部分原因就是他能根据自身的教学实践，总结出有个人风格特色的一套教育理念，比如我的以“对话教学”为载体的“中学历史问题探讨”教育理念以及“实、思、活、用”的教学风格。教育理念和个人风格的形成并不简单，是从多年的课堂教学经验中抽象出来的，这都是颇具个人特色，且在长久的实践中经过检验的。我的教育理念和教学风格强调的思辨、开放，能恰到好处地弥补历史课堂偏向枯燥的短板。

专业成长和教育理念是相辅相成的，任何一位名师，都是在自己的专业发展上成绩卓著的，在多年教学中也抽象概括出了自己的教育理念，两者相互促进，相互成就。希望通过本书对我专业成长以及教育理论、教学风格的介绍与分析，能够为想要在历史教学这一领域有所发展的教师提供一点思考与启示。

附录

附录1　个人简历

教育经历：

1982.9—1984.7：南京师范大学历史教育专科

1988.7—1991.6：苏州大学政治教育本科

1995.12—1997.12：苏州大学历史教育课程班结业

工作经历：

1984.7—1986.7：吴县湘城中学　　历史教师

1986.8—1991.7：吴县枫桥中学　　历史教师

1991.8—1996.7：吴县枫桥中学（现更名为苏州新区一中）年级组长、教研组长

1996.8—2006.7：苏州新区一中　历任教务处副主任、教科室副主任、教科室主任、教务处主任、校长助理

2006.7—2011.8：苏州新区一中　副校长

2011.9—2014.8：苏州新区二中　校长

2014.9—2015.8：苏州高新区实验初中　校长

2015.9 至今：江苏省苏州实验中学　校长

附录 2　访谈节选

苏州大学 2019 届历史学硕士研究生　计　露

笔者:我看到您在一篇文章中讲到,您父亲就是一位教师,您高考志愿填报的也是南京师范大学的历史教育专业,那么父亲对您走上教师这个岗位有什么影响吗?

仲尧明:肯定是有影响的,但当初高考填报志愿和现在不一样,我的老师当时关照我考南大,我想读的是刑事侦查方向,但因为家住农村比较偏远,当我把加试结果送到学校的时候,他们已经录取结束了。后来结合自己的成长经历,就报考了南师大的历史教育专业。我父亲对我的影响还是很大的。因为我父亲完全是自学的,也不是师范毕业的,自己在农村务农,也做过村里面的书记,但他喜欢看书,自己一直在自学,后来去自考了苏州大学专科,是从民办教师转为公办。从家里来讲,还是注重我们弟兄几个的学习教育的。当时一般人家不太可能为家里订杂志的,但他还会为家里面订杂志,叫《民间故事》,我印象比较深。他也会把自己单位里边一些书借回家看,自己也喜欢写一点东西。应该讲家里面营造了一个比较好的读书氛围。

笔者:您成为师范专业的学生后,受您大学教师的影响或者是当时同学的影响,有没有对历史教学有一些自己的见解?

仲尧明:应该讲上大学以后氛围比较好,我觉得大学里面的图书馆很好。我喜欢看书,我最要好的两个同学,他们两个人的借书卡都是我用的,我每天去图书馆抱点书回去,在这个时候我开始真正接触专业的历史教育。

笔者:您就业初期的时候,有没有同事或者是领导对您教育理念的形成有一些影响?

仲尧明:毕业以后分配的那所学校(湘城中学)是非常好的。虽然地理位置是比较偏,从家里出发到那所学校要乘公交车,而且有时候经过火车轨道,会被行驶中的火车拦住,要在那边等,基本上回去一趟需要半天。因为太远,就住在学校里面,基本上是两周,甚至一个月,一直是在学校里边生活。学校里的氛围我觉得是比较好的。学校里的教风、学风比较好,很淳朴,同事之间都是互相帮助,尤其是我们学校里边安排的师傅、指导老师是我们学校政治的教研组长,因为我们还没有历史教研组。当时全校历史专职教师就是我和另外一位王老师。我们都拜了一位教政治的老教师糜老师为师,他确实在如何搞教学、如何认真备课、如何辅导学生等方面给我们带来很大的帮助,他以身作则,人品比较好。还有我刚才讲的氛围,因为基本上比如说晚自习时间,要么是陪着学生上晚自习,要么自己在办公室里面备课。我觉得这两年对我影响是比较大的。

笔者:您当时从学生身份转变为教师身份,您是如何适应变化的?又如何适应教师这个角色?

仲尧明:我觉得是湘城中学学习研究的氛围,还有指导老师的帮助,还有我们教研员特别好,我们当时一个县里面的教研员叫江海澄,他是毕业于山东大学的历史学专业研究生。他的学术水平高、为人非常好,他经常跑到我们县各个学校去,我印象比较深的是他一直"盯"着我,就一直"盯"着我的专业发展,我分到那边去以后,他不定期地要来听课,来指导我怎么上,检查我的教案怎么样,他经常对我说"人家都不是专业的,你是专业的,你肯定要上",而且听了课以后,马上他就来检测教学效果。

笔者:怎么检测?

仲尧明:检测就是根据我们讲课的内容,他自己编几道题目马上问学生。这个教研员非常好,相当于手把手教你历史应该怎么样教,让你的课上得有历史(课)感觉,关注你受学生欢迎的程度,以及学生的掌握程度,所以他当场会编题目来检测学生的学习效果,非常严格。但是对于我成长来讲,我觉得是帮助比较大的。到了后来调到枫桥中学,我觉得他也是"盯"着我的。

笔者:当时您有没有听过什么令您印象深刻的公开课?

仲尧明:印象深刻的公开课就是我们苏州第一批(历史)特级教

师之一的陶旭东的课。后来一直跟他有联系，他就像兄长一样，应该讲他对我影响是比较大的，教我如何钻研教材，钻研考试大纲，如何编题等。

笔者：还有哪些老师对您帮助很大吗？

仲尧明：还有我们自己原来的历史老师，后来也是我拜他为师的张韬。他是我原来高中的老师，我对他也是非常崇拜的，他在我们吴县非常有名，应该可以讲是历史教学的第一块牌子，他的教学质量高、水平高，他本人深受学生和同行的尊敬。特别是我后来调到枫桥中学，他家就住在枫桥，这样基本上我一遇到什么问题，马上跑到他家里面去问，特别是对如何来指导高三毕业班，他在资料教学方法这方面给了我很大的帮助。所以我第一年带高三就考了吴县第一名，实际上跟他的指导帮助是离不开的。因为我从学校骑车到他家里大概10分钟不到的路程，所以基本上即使不是天天去，也是遇到问题就往他家里面跑，而且他毫无保留地帮助我。

笔者：一般会遇到什么问题？

仲尧明：当时来讲比如说综合复习是比较难的，高考复习就是一个综合复习。第二个是复习的方向，因为毕竟要指导学生把握考试方向，这一块也是非常重要，还有如何来帮助学生记忆，指导学生解题，这一块我觉得受到他的影响比较大。他的风格是不拿课本。我学他的样子，我上课有时候书都可以不带的，这个也是现在学生对我的评价：仲尧明到教室里书都不拿，一样东西都不拿，一节课的内容自己讲下来，就是受到我老师的影响。虽然说是不拿书，其实是把教科书掌握得十分透彻了，再加上备课备得非常充分，所以在上课过程中，完全是自己把精心备的东西呈现给学生。

笔者：后来您逐渐走向行政岗位了，除了普通的历史教学，您要如何平衡自己作为行政人员还有一线教学人员的关系呢？

仲尧明：因为从学科角度来讲，不能说自己已经完全成熟，但是基本上对教书这一块应该还是把握得比较好，因为已经实打实教了12年书了，我1984年工作，前面都是担任教研组长、大组的教研组长，还有担任年级组长，不算行政。但是我到1996年开始做教务处副主任，开始走上行政岗位，那个时候就已经带了八届高三了。实际上从教学的角度来讲，如果不谦虚的话，当时我们吴县，除木渎中学、吴县中学两所老牌中学以外，最好的文科成绩都在我们枫桥中学。基本上我当时的教学成绩不是第一就是第二。有的年份是第一，就是超过两所老牌的。也正因为这个成绩，当时学校就安排我走上行政岗。走上行政岗位以后实际上对自己的要求更高，我们当时真的基本上是以校为家。前面一直是住在学校里面的，后来即使搬出去，离学校也非常近，走路也只要走 10 来分钟，基本上一天到晚泡在学校里面。

笔者：您从教务处副主任到主任，最后做校长，这对您的专业成长有没有什么促进的作用？或者说对您的专业发展有没有什么便利的地方？

仲尧明：便利我觉得是有的，(便利)我觉得是做兼职教研员。具体从哪一年开始我也想不起来了，从专业发展来讲，如果不谦虚的话，是(靠)自己的努力。因为在这个过程中，本身我学历是大专，后来就去学函授本科，当时是苏州大学历史系招满了，最后报了苏州大学的政治专业。还有一个苏大研究生课程班，每个区里推荐一个人，我们区里面就推荐我参加苏州大学课程班培训，这应该讲对自己的专业发展是有帮助的。后来又参加省里面首届骨干教师培训。反正有机会参加，我就积极地去进修学习，对我提升效果还是比较明显的。做教研员的时候，实际上你不光是要自己发展，还要去指导老师，这个时候就开始跟外面的教研员接触，(当时)我们苏州历史教育就是何妨老师，对我影响还是蛮大的。

还有就是这个时候开始参加外面的活动，跟其他高水平的老师开始熟悉，我觉得是对自己的专业发展帮助很大，毕竟接触的层次不一样了，跳出你所在的区，甚至跳出苏州市，能去接触历史学界的专家教授。包括历史教育相关的杂志，我觉得对我影响也是比较深的。我当时受两本杂志影响很大，特别是《中学历史教学参考》。后来接触的就是现在我们省的教研员刘克明，他对我的影响也比较大。

笔者：您是如何做到保持教学热情，还要保持教育理想不动摇的？

仲尧明：我觉得作为老师，因为自己是农家子弟出身，实际上还是真的关心每一个学生。因为从我的角度来讲，读书对我成长的帮助还是非常大的。所以作为老师，应该上好每一堂课，全身心地投入，关爱每一个学生。当时家访工作做得不错，不能说每个学生家里面都跑到，但基本上重点关注的学生，差不多每个星期都要去跑一趟，跟他们家长沟通。我觉得当时整个氛围都是这样。我觉得我工作的学校的风气都是非常好的。

笔者：这一时期您是如何丰富自身的专业知识的？

仲尧明：我觉得，从我来讲，一个是通过不断地参加各种培训，接触教育专家，他们在讲的过程中，不论是纯粹的教学，还是高考经验，他们都上升到一种高度，帮我打开了视野，第二个是通过我刚才讲的兼职教研员，我接触的人，这些榜样可以引领我前进。我刚才提到的一个是我们省的教研员，还有大市的教研员，我觉得从他们身上学到，第一，你不仅仅是教书的。第二，你要帮助别人，也要总结自己。第三个就是刚才讲的各种杂志，看了杂志以后，实际上自己有一种写东西的想法，后来我就参加了很多历史教学资料的编写、命题等，比如最早的《专题复习》，每人负责一两篇。那个时候我就开始自主命题，而且都是要面向大市的。还有一个（方式）就是上示范课，再一个要我在苏州大市做培训，我觉得是对我帮助比较大的。还有一个就是我们省教研员刘克明。他带着我，让我去参加省里边的各种评委工作，比如说评优课、基本功大赛的评委，包括他推荐我去担任全国教育学会历史学会的理事，小高考命题也是跟着他的。他对我专业成长帮助很大。从走出去到大市到省里，实际上也是他们一步一步带着我、推着我、帮着我的，所以有时候讲一个人的成功，要有贵人相助，真的是非常有道理。

笔者：除了您刚刚说的得到了很多人的帮助，还有自己要怎么做？

仲尧明：自己来讲，在做一把手校长之前基本上还是以自己专业发展为主。我一直带高三毕业班。所以也就是说历史专业这一块一直是没掉过队，还是比较关注学科教学的，看的书基本也是专业类的和学科教学类的书。在走上校级领导岗位以后，就开始偏向于一点教学管理。做了副校长以后，因为分管学校里边的德育，我们当时还有内地新疆高中班，从政治层面上来讲，提升了政治高度。回过头来看看教育，发现以前是对教学偏重的比较多，但是分管了德育和内地新疆班以后，感觉到德育和育人这一块非常关键，不仅仅是育分，关键是育人，成才和成人之间，成人是更为关键的。

对自己来讲，自己的思想从原来"教学"开始真正走向"教育"，高度更高了。我分管的是德育和内地新疆高中班，内地新疆高中班本身就承担着国家的重任，就是要把这些小孩培养成拥护祖国统一的社会主义建设者和接班人，从这个角度来讲，这个时候可能自己对教育的这种理解或者说政治的觉悟，就上升到一个新的高度。

教科研这一块，因为我在教务处以外还做过教科室主任，教科室主任就是负责学校里边的科研课题研究，所以应该说我自己是一步一步走过来的。教科研的话，你不但自己要能写，还要组织老师写，要指导老师写，那么你就必须要加强这一方面的研究，那个时候就觉得这是你的职责了，不是你一个人要发展，而是要这所学校怎样得到提升，还有怎样让其他老师成功。你没做管理者的时候，你的成功主要是与自己有关，或者说与学生的成功有关，学生的成功就是老师的成功，你自己的成功就是你决定，但是做了管理者以后就不一样了，别人的成功可能才是你的成功，而不能只想到自己。

笔者：我看到您有在多所学校工作的经历，您是如何尽快适应不同学校氛围的？

仲尧明：我前面两年是在吴县湘城中学，1986 年我就调到了枫桥中学，枫桥中学后来改名为新区一中，我在那个学校一直工作到 2011 年，虽然工作变化了，但是我没有跳出区域，一直是在高新区。2011 年我到新区二中工作，在那所学校工作了三年，后来 2014 年到实验初中工作，工作了一年，2015 年，到现在的这所学校（苏州市实验中学）工作。我觉得不管工作怎么变化，首先你自己明确自己是一个老师，所以我坚持带班上课。我不管是做什么，哪怕是原来的组长也好，乃至主任到副校长到一把手校长，我是一直坚持上课的。一般做了校长、书记都不上课的，但是我坚持上课，因为我觉得上课可以让你真正了解一线课堂教学，而且某种程度上对老师来讲也是一个示范引领，毕竟校长也是上课的，不能因为你是校长，评了特级、正高，好像该拿到的都拿到了就放弃教学。我觉得作为我来讲，我时刻提醒自己我还是一名老师，一定要把自己当作一个普通老师，去跟自己的同事沟通交流，跟学生沟通交流。

但另一个方面，我觉得毕竟(我)是一个校长，所以要有高度，这高度就是你要想办法如何让这所学校发展。我自己比较擅长的是能够跟老师亲近，所以能够倾听老师的想法，根据老师的想法，结合这个学校的实际，我能够做好的就是规划这所学校的愿景。这一块我觉得我比较善于调动老师的积极性，让老师有一个目标，让他们看到这所学校的希望，最后大家一起努力做。所以我比较倡导文化引领。

我每到一所学校都是注重文化建设，注重师资队伍建设，而且都有一个明确的奋斗目标规划。我觉得因为高新区的教师本身比较好，之前我就搞了一个省课题“基于师生积极情绪的学校文化建设研究”，老师的积极性比较高。到现在为止，这一所学校的老师，无论是学科带头人，还是管理岗位，都是我们初中学段走出来最多的。比如说实验初中，我虽然只去了一年，但是针对他们的青年教师，我就专门搞了青年教师发展论坛。现在来看，虽然他们名称在改变，但这一块做得比较实。到了苏州实验中学以后，基本上因为实验是一所品牌学校了，经过 20 多年，它本身已经成为苏州市比较好的一所高中，因此我过来以后一直讲我要解决三个问题，第一个就是让这所学校既有质量，又有文化，即以雄狮精神为核心的时代文化。第二个就是让学生有一个高质量的丰富多彩的平台，所以(就办了)我们的第二课堂、社团活动，现在我觉得学生的这种多才多艺确实实现了，我们在全面发展、突出个性这方面做得比较好。第三个就是我们的教师发展。虽然我们出去都是招聘的优秀骨干教师和优秀的大学生，但怎么形成我们的团队建设(还不清晰)，所以我们做了很多的举措，目前这一块也是非常好的，我们微信公众号里面就有，搞了一个“十三五”青年教师培育工程的总结汇报，邀请了区内的中学校长带着老师来观摩交流。

笔者：您评特级教师的时候对自己的历史教学思想有一个总结，叫“中学历史问题探讨”教育理念，能结合这个理念详细讲讲您认为当前历史课堂发展的方向吗？

仲尧明：我认为历史教学最重要的应该是基于问题，现在可以说是基于情境了，实际上就是创设情境，但是里边肯定要引发问题，因为我曾经花时间研究如何让课堂灵活，这个灵活怎么做到。那就是通过问题，通过对话。你一定要有一种问题意识，不仅仅是因为我们考试是通过问题来考的，关键是历史教学本身是要培养学生一种思辨能力。如果你没有问题的话，怎么来思辨呢？实际上就是在这个过程中间，主要是培养学生的批判性思维，也就是历史的素养。那么采用一种什么样的课堂方式，我觉得是以问题来当一个抓手，关键是要采用对话。先是你看历史教材，我们称之为与文本对话，然后就是师生对话、生生对话。

笔者：我看到您文章里面写您的教育理念，一个是把握它的整体性、问题性，还有开放性。整体性体现在哪里呢？要怎么体现在课堂？要如何做到从整体性出发？

仲尧明：如果说从一个事件结构的整体来讲，比如说“鸦片战争”吧，最基本的是要有一个历史背景、历史过程，这是一个整体；第二个，如果你现在学了政治文明史，你就会发现整体可能还要把它放在中国的反侵略民族探索里边，这也是一个内容。还有一个，比如说以前我们复习过程中经常讲另外一条线索就是侵华史，再有一个，我们可以把它放在世界史里讲，它又受到了工业革命的影响。我跟学生讲，所谓的整体，就是说历史事件可能是一个点，但是你要前后左右上下去看一看，古今中外贯通起来，把它构成一个整体。

笔者：我看到一篇文章，您认为“中学历史问题探讨”的基本教学模式是创设情境—提出问题—相互探讨—总结评价，您认为其中注意点是什么？

仲尧明：“创设情境”我觉得一定要贴近学生生活，比如说我特级教师那个课题，我上的是全球化那一课，我当时是在实验中学上的这堂课，你刚才讲的创设情境，我印象中当时讲全球化的时候，我就是跟学生讲，我从新区一中到你们学校来，我是开的福特牌的车子，这个应该是美国的，我开过来的过程中，还看到了肯德基，戴着的手表是西铁城的，日本的手表，可以讲本身我们已经生活在一个全球化的时代，然后再引出一系列的问题。也就是你不要脱离学生的生活，一定要从学生的生活情景中间去找。

笔者：您一直认为要以问题为一个核心展开，那么问题和上课的整体性，它们之间有什么样的关系？

仲尧明：我觉得首先课堂要有一条主线，一个主题，而且这个问题是通过层层设问来讲的。比如说我刚才讲的是鸦片战争，那么我觉得在备课的过程中，你可以从不同的层面来讲，因为我们有的老师习惯从比如说鸦片战争爆发的历史背景、鸦片战争的过程、鸦片战争的影响来讲对吧？那么你在设计过程中可以从概念入手，因为我也有文章写的是概念，比如说为什么叫鸦片战争？那么学生会讲，因为这场战争是由中国禁烟引发的，那么你就可以问中国为什么要禁烟？可能会引出中国之所以禁烟，是因为鸦片给中国带来了严重的危害。那么既然鸦片是一种毒品，我就问，为什么英国向中国输入鸦片？又会联系到在正当的中英贸易过程中，英国亏了，那你可以再追问，为什么在正当的中英贸易过程中间，英国亏了？那又会联想到比如说中国自给自足，自然经济，不需要过多的外来商品，中国实行的这种闭关锁国政策对它有一定的抵制，同时，英国的产品也不一定适合中国市场。那就是说，通过一层一层的追问来引出一条主线，但在这个过程中间你就会感觉完全构成了一个整体，因为你除了讲了中国史以外，英国已经进行了工业革命，这就还讲到了世界史。这里面你可以看出，无论是哪一条主线，通过层层设问，一个整体性就体现出来了。而且你如果要细化的话，因为老师的板书设计又可以为我们服务，这样政治、经济、军事、外交、思想整体就都出来了。

笔者：我看到您在对整体性进行阐释的时候提到了历史知识整体观、历史认识综合观、历史情感系统观，您觉得历史情感系统观要怎么理解呢？

仲尧明：因为三维目标就有情感态度、价值观，所以必须要有一个目标，就是要培养学生的情感、态度、价值观。比如我们讲的，你至少对历史上的善恶要分辨，区别正义、非正义，爱国也好，某种情怀也好，自然而然地要流露出这种情感。我们讲历史学科要有温度，就是说历史要有一种温情感。

笔者：您在教学理念当中还提到一个开放性，开放性与现在的高考模式下这种分数至上的情况要怎么平衡？

仲尧明：历史的开放性主要在于两个层面，一个就是原来主要是以纲为本，以纲为纲，考试就是考这些内容，但现在学生的知识一定要是开放性的，不要局限于书本上的知识，就相当于问题导向，你既然是问题导向，你的知识应该是生活化的。第二个是说历史的开放性，最重要的是一种思维的开放。你要敢于想，所谓的敢于想，那也就是要有一种拓展。

（访谈人简介：计露，苏州大学2021届历史学方向教育专业硕士研究生，毕业论文选题为：历史教育理念及专业成长研究——以中学历史教育名师仲尧明为个案）

附录 3　《华人时刊(校长)》人物专稿

点燃师生心中的光荣与梦想——仲尧明

仲校长：

您好!

您离开二中已经有一个星期了,我感觉就像上帝跟我们开的一个玩笑,有一种强烈的不真实感。那天告别会上,我们不少老师都流下了眼泪,因为大家都知道再也不会遇到像您这样正直仁爱而有思想的学者型校长了。仲校长,我想对您说声"谢谢",是您点燃了我们二中人心中的梦想,是您给了二中每一个孩子三年的同学情谊,是您让二中人找回了自信与尊严……更为重要的是,您对我个人成长的引导与激励,让我的精神世界更加明亮。

2014 年 9 月,当仲尧明即将调离苏州高新区第二中学的消息传出时,师生纷纷致意,恋恋不舍,含泪送行。他走后,老师们还是会时常想起他,开头那段内容便是一位老师给他发送的邮件。而他,仅仅在二中做了三年的校长而已。熟悉他的人说,他在好几所学校做过校长,每次调离师生都会依依不舍。这位深受教师爱戴、学生留恋的好校长,究竟有什么样的才能和品行?

为人师表　德艺双馨

仲尧明的父亲是一位乡村教师,他从小耳濡目染,对教师职业充满了敬畏和向往,高考时他选报的志愿就是教育专业。1984 年,他从南京师范大学历史系毕业,此后几十年时间里,他一直在中学教历史。他给自己订立了奋斗目标:带好一个班,上好一堂课,教出一个好成绩,争取做一个领导放心、学生欢迎、社会认可的好老师。

他任教的第一所学校是远离市区的吴县湘城中学。这里办学设备简陋，生活条件艰苦。他住在教职工宿舍，一个月回家一次。艰苦的生活对他来说不算什么，他怀着对教育事业的满腔热情全身心扑在工作上。他虚心好学，向老教师请教教学经验；县教研员经常来听课，他们提出了很多宝贵的意见，对他产生了很大的启发；他每天坚持办公到夜晚，周末在校也是如此；他如饥似渴地从书本中汲取营养，《中学历史教学参考》期期不落。功夫不负有心人，高二全县期末统考时，他所教的文科班取得了全县第五名的好成绩。

两年后，他被调入枫桥中学。1987 年他所带的第一届高三文科班高考成绩夺得全县第一名，从此他几乎年年在高三。“仲老师上课从来不看书本，完全脱稿，让我们很佩服”，这是毕业学生最为深刻的印象。他的历史课堂别具一格：多年来，他以自学所得的理论为依据，用心研究，精心把握教材，尽力改进教法，形成了“实、思、活、用”的教学风格，充分展示了历史学科的趣味性、生动性、丰富性、深刻性，深受学生欢迎，他的历史课每次测评都是最受班级学生喜欢的学科。陕少霞同学说：“敬爱的‘仲夫子’，送一个孔夫子给您，愿您胜他好几筹。想要祝福您，但突然发现，您不需要汉武帝的魄力，不需要岳飞的勇气，不需要曹雪芹的才气，更不需要陈天华的口才，只要您一直是现在的您，就能赢得所有学生的喜爱。您已经是最受欢迎的老师了，每节历史课都那么吸引人，每一次都是思维的畅游，感谢您！祝福您！”从这种带有明显感情色彩的夸张言语中可以看出学生对他的喜爱。他在苏州市内外开设了十多次高水平的公开课、示范课和专题讲座，受到了专家、同行的高度好评，先后被评为高新区中学历史学科带头人、苏州市中学历史学科带头人、高新区教育科研学术带头人、苏州市教育科研学术带头人；2008 年被评为江苏省中学历史特级教师。

他热爱学生，设身处地地为学生着想，真诚平等地对待学生；以身作则、率先垂范，努力以自己高尚的人格、渊博的学识、健康的心灵去感染学生。学生都很喜欢他、敬重他，他有很多外号：“老板”“小明”等。

2006 年，他在新区一中从事内地新疆班的教育教学管理工作。

新疆班的孩子高中要读四年，第一年要上预备班、过渡课。学生全部住校，加上风俗习惯的不同，管理难度很大。他几乎每天都在学校，不管有没有他的晚自习，学生都能看到他的身影从走廊里经过；当有人生病时，他都会去看望；学生遇到烦闷的问题时会找他聊天，在他面前畅所欲言，他静静倾听，当学生说到激动处流泪时，他会递上纸巾，给予安慰。在新疆班的学生眼里，他亦师亦友。他把学生当成自己的孩子关心与呵护，他们亲切地称他为“仲爸爸”。

许多次，学生生病入院急需做手术，父母远在新疆，路途遥远，为了不错过手术最佳时机，他毅然在手术单上签字，手术成功了，他也赢得了学生父母的感激和尊重。这6年，他付出了很多心思和精力。2008年，他的父亲罹患脑溢血，需要送到上海治疗，他每个星期一到星期五正常上课，周末便在苏州和上海之间来回奔波。那时，全国正处于汶川地震的悲痛气氛中，车厢里尽是汶川的信息，而他心里的伤痛却无处诉说。父亲这一病，从五月一直延续到那个夏天的高考。高考那天，他在考场外守着孩子们考完最后一门。等到成绩出来，他眼含热泪把他们送上回家的火车后，才赶往上海陪伴病中的父亲。新疆班的学生们说：“你教会了我们爱、谦虚、真诚、奉献……”他所管理的新疆班教学质量位列全国第一，形成苏州模式，多次受到省市表彰，自己也被授予苏州市五一劳动奖章、新疆维吾尔自治区优秀教师称号。

回忆起管理新疆班的经历，他记忆犹新，不无感慨地对记者说：“我们陪在学生身边的时间比他们的父母还长。新年都陪着他们一起过，一起吃年夜饭，看春节联欢晚会。刚来时，他们才这么点高，4年以后，他们都长高了很多，变化很大。”自己的付出换来学生的成长，对他来说，这就是最幸福的事。

关爱教师　甘为人梯

在专业发展的道路上，他深知“一花独放不是春，百花齐放春满园”，毫无保留地将自己的经验传授给青年教师。无论是本校的，还是兄弟学校的，不论是否正式结对，他都悉心指导，不仅教备课、教方法、教板书，更教他们敬业精神和做人的道理。经他指导的教师加快了成长脚步，迅速成为教育教学骨干。

走上学校管理岗位后，他更加重视教师专业发展和团队建设。他明白，学校的发展离不开紧密团结在他周围的优秀的教师队伍。2011年，他在公选中脱颖而出，由组织安排到新区二中担任校长。当时学校由于优秀生源大量外流，教育质量不断下滑，社会声誉也受影响，教师积极性也受到打击，情绪低落进而消极面对。他从教师群体入手，找教师谈话，探寻学校的问题所在。他首先进行教师团队建设，营造积极向上的氛围。完善教师管理制度，从细节入手。例如改变原来要求教师上下班打卡的规定，撤销传达室专门清查记录教师进出岗位的条例，让老师们从心底觉得自己是被尊重和信任的。他说："全校上下应该是团结合作的关系，而不应处于对抗的状态中，学校领导应该相信老师，没有哪位老师是不希望学校朝好的方向发展的。懒散的教师毕竟是少数，可以单独找他们谈话，不能因为少数人不守规矩而否定整个教师团队。"此举凝聚了人心，解决了学校的燃眉之急。此外，他充分尊重教师的意见，中层干部竞聘上岗，全部都经教师投票选出；他公开征求教师的意见，所有制度的制定都遵循公开、透明的原则。全校人心思齐，精神面貌焕然一新。

他把教师发展视为学校各项工作之首，先后成立教科研中心组、班主任沙龙、青年教师读书沙龙，切实开展有效的教师培训交流活动，加快青年教师专业成长，很快取得了可喜的成绩。2013—2014年，有2位老师被评为大市学科带头人，5名青年教师获得了苏州市评优课或基本功大赛一等奖，代表苏州市参加省青年教师比赛，业内专家讲："在一所初中一年能出现5名教师胜选参加省比赛，这是唯一(的案例)。"年近50的李广伟老师竟然报名参加规定40周岁以下青年教师参加的解题比赛，还凭借过硬的业务功底，通过校、区两级选拔，最后获得苏州市二等奖，实属不易。李老师自言道：原本早已放弃专业发展，现在又有了发展的渴望。2014年，他如愿以偿被评为苏州市数学学科带头人。同年被评为苏州市德育学科带头人的曹玉英老师在信中写道："您来了以后，我的认识在悄悄地发生变化。您在引导我思考自己这么多年的教育工作，您甚至逼着我这个懒人去看书、去总结，您不仅想帮助我申报市德育学科带头人，您更想让我在思想认识水平和教育水平上有更大的提升，提高自身的影响力，提高学校的影响力。在此我非常感谢您！"仲尧明将引领教师专业发展视为校长的第一使命。

2014 年 9 月，仲尧明调入苏州高新区实验初级中学任校长。当时的实验初中，正处于课程改革"攻坚期"和"一校两区三地"集团化办学的"深度融合期"。面对这一现状，身为特级教师的仲尧明从自身成长经历出发，帮助那些处于发展困惑中的青年教师，让更多一线教师快速成长。他与领导班子商量后决定成立青年教师发展研究团队，从团体文化入手，以教师的诗意生活和幸福成长为基础，以课堂观察和成长瞬间为突破口，全面打造特色活动，用丰富多彩的活动吸引教师参与。很快，两个校区的青年教师纷纷加入，团队蓬勃发展起来。第一次主题活动之前，团队已吸纳 85 名教师。仲尧明在教师中征集论坛的名称、logo，大家积极提供方案。11 月 22 日，"青年教师发展论坛"启动仪式隆重举行。在热烈的讨论中，教师们参与论坛的热情不断高涨。一个问题抛出来，大家一起讨论，都很乐意分享自己的经验和教训。为了给青年教师提供一个更加专业、规范的平台，仲尧明对论坛进行了有针对性的指导，组织论坛开展课堂观察、困惑排解、师德建设、成长交流和磨课写作等一系列丰富多彩的研讨活动，在激烈的思维碰撞中，青年教师得以快速成长。

2015 年，他被调入江苏省苏州实验中学。实验中学从创办起陆续面向全国招聘了一大批骨干教师，教师整体水平高，但随着时间推移，老龄化引发职业倦怠等问题也日益明显。为增强全体教师的进取意识、团队合作精神，他实行教师全员聘任、分层培养。首先是教师填写工作意向表，教研组长提供年级任课教师建议名单，然后校长室选聘年级工作组，再由年级工作组选聘班主任，班主任选聘班级任课教师。"这种选聘是双向的，每个主体都有应聘和拒聘的权利，我们的目的是打造以班主任为核心的任课教师团队和以备课组长为核心的学科教师团队，有效促使教师克服职业倦怠、超越自我极限、加强团结协作，最大限度地激发教师的工作热情和潜力。"仲校长介绍说。学校的目的在于培养一支乐于思考、善于研究、敢于创新、团结合作的教师队伍。

仲尧明用他的智慧，为教师成长创造条件，唤醒了一位又一位教师的教育热忱，激发了他们埋藏在深处的潜能，让教师们在教育工作中找到自己的目标，找回专业发展的动力。

民主开放　砥砺前行

仲尧明原以为自己在专业发展的道路上会一直走下去，没想过后面的工作重心会转移到行政上来。他在历史教学上的杰出才能与人格魅力让他受到周围老师们的崇敬与爱戴，他身上有一股让人信赖、乐于合作、甘于奉献的非凡气质。可以说，最初他是被教师们推上校长岗位的。2005 年，高新区组织部在苏州新区一中公开推选校长助理，许多老师投票给了候选人之外的仲尧明，他依靠"民意"胜选，看似出乎意料，但也可谓实至名归。

2011 年，他又在区组织的校长公选中脱颖而出，安排到新区二中担任校长。他努力提高自身素质，做一名优秀的校长成为他新的奋斗目标。他观察身边的老校长、名校长，虚心向他们请教管理学校的经验和做法；通过书籍、网络，学习优秀校长先进事迹、经验分享、成功案例；积极参加各级各类校长培训，加强与同行交流，聆听专家学者报告，实地考察先进学校，参加"跟岗培训""影子培训"，与名校长一起工作，近距离观察、学习。面对新区二中当时的实际情况，他从规划学校发展、营造育人文化、领导课程教学、引领教师成长、优化内部管理、调适外部环境等方面入手，采取民主开放的管理方式，各项制度的建立都征求大家的意见，人人参与学校管理，积极建言献策。在他的领导下，学校教育教学质量明显提升，学生的中考成绩高分层进入高新区前三名。二中的社会声誉明显提升，在老百姓中的口碑也越来越好。

三年后，漫步在二中校园，感受到的是人文与生态的完美结合。

校园内，绿草如茵，翠竹掩映；风雨长廊"诗里枫桥独有名"，用诗歌展现古老的枫桥文化，前来参观的人无不啧啧称赞……

2015 年，仲尧明迎来事业生涯中的又一重大挑战，他被任命为苏州实验中学的校长。实验中学创办于 1994 年，历史虽然很短但发展态势迅猛，2000 年就已成为苏州市第二所国家级示范高中。师资雄厚，名师荟萃，有教授级高级教师、特级教师若干名，还有一大批名教师、学科带头人、教学能手。2013 年、2015 年两度摘得苏州大市高考文科状元，在苏州地区声名鹊起，犹如一匹黑马横空出世。担任这样一所综合实力雄厚的学校的校长，对他来说，是对多年治校经验和能力的考验，更是机遇和挑战。尽快熟悉情况，实现自身角色和思维方式的转变是他的首要任务。

9 月，仲尧明正式走马上任，此时学校面临的最大的问题是搬迁。为进一步改善办学条件，提高办学层次，苏州高新区管委会斥资 5 亿元人民币，将实验中学原址重建，计划 2016 年初搬入新校区。当时的毒跑道事件影响很大，家长非常关注新校区的建筑设施，于是他采取公开透明的原则，检测环节允许社会参与，家长委员会也加入进来。他们请来专业人员检测，找施工方反映问题，出谋划策，提出了很多宝贵的意见，此举打消了家长的顾虑。仲尧明提到"老师们也担心新办公室的环保问题，起初也有抵触心理，我对他们说，如果不放心，可以先在空教室里办公，大家自由选择，最后大家都很满意"。2016 年初，学校平稳搬迁到新校区。

仲尧明的管理风格民主、开放，此时更增添了灵活的特点，正适应一所实验性学校的需要。有家长指出学校很少宣传自己，他放在心上，很快派人更新了校园网、开设微信公众号；他经常找老师谈话，征求他们的意见，老师反映的问题也一定及时解决。搬迁的过程中，他同时在思考学校的整体办学规划。他翻阅了大量的资料，听取各方面的意见，罗列出外界对学校非议最多的三大问题：一是学校有质量，没有文化；二是教育有讲台，没有平台；三是教师有个体，没有团体。因此他召开教师大会，分析学校的现状，提出解决问题的基本思路：营造文化、搭建平台、进行教师队伍建设。他积极推动全校老师参与校园文化建设。经过反复商讨,大家一致赞同将雄狮精神作为建设狮山文化的核心。因为学校坐落在狮子山麓,这里不仅有“狮子回头望虎丘”的传说故事,还曾产生过革命志士“狮山招国魂”的壮举。雄狮精神蕴含爱国主义、当仁不让、敢为人先的气魄,恰好与这所年轻、发展势头正盛的学校气质吻合。校徽征集大家的意见重新设计,蓝底白盾牌,上面有实验中学(SYZX)的拼音缩写,还有狮子图案,象征着在狮山山麓的实验中学蓬勃发展。接下来,大家商量确定了校训——唯真唯实,唯真,是指尊重客观规律,真理至上。唯实,既有求实、求是之意,又指要一切从实际出发,坚持务实、扎实、踏实的作风。同时,也指一个人必须具备诚实、朴实、正直、耿直的良好品质。学校在“雄狮精神”的引领下找到了发展的动力,围绕“全面发展,突出个性”的办学理念,课程建设、狮山讲堂等活动如火如荼地开展起来,学校朝着高质量、现代化的方向发展。

仲尧明喜欢向老师、学生、家长们推荐著名作家麦家说过的一段话:平庸的人有一条命:性命。优秀的人有两条命:性命和生命。卓越的人有三条命:性命、生命和使命,它们分别代表了生存、生活和责任。从呱呱坠地那一刻起,我们就拥有了属于自己的性命。优秀的人在珍惜性命的同时,更注意提高内在修养和生活质量,这是生命。而使命,是对国家、对社会、对人民的一种责任。没有使命,再优秀的生命,也走不出人生的精彩。春夏秋冬,寒来暑往,几十年来他一直扎根崇高的教育事业,践行着神圣的教育使命,谱写了一曲曲动人的乐章,成就了一个又一个光荣与梦想!

(撰稿人:庞砚清)